W0195734

Henner Kotte

Populäre sächsische Legenden

Von Henner Kotte liegen bei Bild und Heimat außerdem vor:

Um Kopf und Kragen. Unbekannte Fälle aus dem Kuriositä-
tenkabinett der Kriminalistik (2014)

Blutiges Erz. Kriminalgeschichten aus dem Erzgebirge (2016)

Leipziger Heimsuchung und vier weitere Verbrechen
(Blutiger Osten, 2016)

Stiefel für den Tod und zwei weitere Verbrechen
(Blutiger Osten, 2017)

Flucht über die Todeszelle und fünf weitere Raubfälle
(Blutiger Osten, 2017)

Der Opfermord von Belmsdorf und zwei weitere authentische
Kriminalfälle aus der Oberlausitz (Blutiger Osten, 2018)

Populäre sächsische Irrtümer (3. Auflage, 2018)

Populäre sächsische Hofgeschichten (2019)

Falsche Ideale. Fünf wahre Verbrechen (Blutiger Osten, 2019)

Leipziger Mordsspuren. Ein kriminalistischer Spaziergang (2019)

Ministermord unter der Augustusbrücke. Der Tod von Gustav
Neuring in Dresden (Blutiger Osten, 2019)

Henner Kotte, geboren 1963, studierte Germanistik in
Leipzig, Moskau und Dresden und lebt heute als Schriftsteller, Redakteur, Theaterkritiker und Stadtführer in Leipzig. Bei Bild und Heimat erschienen u. a.: *Populäre sächsische Irrtümer* (3. Auflage, 2018) und *Populäre sächsische Hofgeschichten* (2019).

Henner Kotte

Populäre sächsische Legenden

Bild und Heimat

Umschlagabbildungen

links oben: Gert Fröbe: picture alliance, aus dem Film: *Die Öl-Piraten* (Originaltitel: *Docteur Justice*, FR/E 1975, Regie: Christian-Jaque); rechts oben: Porträt Lene Voigt, mit freundlicher Genehmigung der Lene-Voigt-Gesellschaft e. V. (http://www.lene-voigt-gesellschaft.de/); rechts Mitte: Klosterruine auf dem Oybin: Ingolf Bergfeld (https://www.zeitbrueche.de/oybin.html); unten: Moritzburg: picture alliance/chromorange.

ISBN 978-3-95958-217-9

1. Auflage
© 2019 by BEBUG mbH / Bild und Heimat, Berlin
Umschlaggestaltung: BEBUG mbH / Bild und Heimat, Berlin
Druck und Bindung: CPI Moravia Books s. r. o.

Ein Verlagsverzeichnis schicken wir Ihnen gern:
BEBUG mbH / Verlag Bild und Heimat
Alexanderstr. 1
10178 Berlin
Tel. 030 / 206 109 – 0

www.bild-und-heimat.de

Die Legende von der Heiligen Brücke

Und so begab es sich vor langer Zeit, dass in der großen Handels- und Seestadt Leipzig ein Kaufmannsehepaar innig sich liebte. Es fehlte zu seinem Glück nur noch eines: Kinder. Die Kaufmannsfrau ward trotz aller Versuche und erdenklicher Mittel nicht schwanger. All ihre Gebete galten dem einen einzigen Gott in der Höh', und sie versprach: Wenn ihnen trotz ihres Alters ein Kind noch geschenkt würde, sie würde es dem Allmächtigen weihen. Das nimmer Geglaubte geschah: Die Kaufmannsfrau ward guter Hoffnung und alsbald von properen Zwillingen entbunden. Maria und Katharina nannten die Eltern ihren nunmehrigen Schatz und erzogen die Mädchen in Demut und Achtung.

Die Mutter verstarb, als die beiden noch Kinder. Katharina und Maria wuchsen zu edelschönen, sehr klugen und lebensfrohen Jungfrauen heran. Doch trübte den Sinn ihres Vaters das Versprechen, das seine Frau Gott ehedem gegeben hatte. Welchen seiner Augensterne sollte er hinter dicke Klostermauern nun geben? Schweren Herzens entschied er sich für Maria. Sie war gesetzter als ihre Zwillingsschwester und würde seine Entscheidung klaglos verstehen. Die quecksilbrige Katharina aber schickte er zu Verwandten nach Altenburg. Zu sehr erinnerte sie ihn an Maria und das ihr auferlegte Opfer. Diese nun lebte fortan im Kloster der Georgennonnen und war unglücklich. Vorbei die heitere Zeit mit Spiel und Tanz und das einträchtige Beisammensein mit der Schwester.

Nach fünf Jahren trafen sich die Geschwister erstmals besuchsweise wieder, und schmerzlich erkannte Maria, was man ihr vom Leben genommen hatte. Die strengen Regeln eines Klostertages ließen keine Zeit für Fröhlichsein und Singen und pubertierende Heimlichkeit mit der Schwester. Die dicken Mauern verbargen den herrlichen Auwald mit seinen Bäumen und Blüten und Tieren, kaum dass Maria Vogelgezwitscher vernahm. Dicht am Klostergarten plätscherte jedoch das Gewässer der Pleiße. Nonnenmühlgasse heißt die Straße heute wieder.

Ein junger und stattlicher Bürgersohn stakte im Nass mit seinem Kahn hier oftmals vorbei. Dabei sang er allerliebste Lieder, die Maria das Herz brachen, denn sie hatte dieselben oft mit Katharina gesungen. Und so blieb es nicht aus, dass ihr Schluchzen und Schnaufen Maria verriet. Der Blick des Jünglings hatte die unglückliche Nonne entdeckt. Erste Worte fielen den beiden noch schwer, aber mit jedem ihrer Treffen wurden sie sicherer und mehr. Doch lauerte die Gefahr überall, dass die Äbtissin oder wer anders das Paar bei solch trautem Zusammensein überraschte. Allein der Gedanke an die zu erwartende Strafe war Maria unerträglich. Auch der junge Mann litt. Aber der Zuneigung und tiefen Gefühle füreinander waren sie sich sicher: Nichts und niemand konnte die Liebenden trennen. So ward alsbald der Entschluss gefasst, gemeinsam zu flüchten.

So geschah es: Der liebende Jüngling entführte Maria aus dem Kloster. Der Torwart des nahen Kuhturms gab ihnen ein Versteck. Natürlich wurde die leere Zelle Marias bemerkt, denn zum Gebet war sie nicht mehr erschienen. Als die Nonnen sie im Kloster nirgendwo fanden, war ihr Gezeter und Geschimpfe sehr groß. Schlimmer noch: Die Schande sprach sich herum. Die Äbtissin schäumte vor Wut und bat den Probst des nahen Thomasklosters um Hilfe. Heerscharen setzte man in Bewegung, um Maria zu finden und in den Schoß Gottes zurückzuführen. Doch Maria und ihr Geliebter verbargen sich im Kuhturm gut.

Aber ebenso die Zwillingsschwester, Katharina in Altenburg, sah sich um ihr Glück gebracht. Sie sollte auf Weisung der strengen Verwandten, zu denen der gute Vater sie gegeben hatte, den Mann ehelichen, den sie ihr zugedacht hatten: reich, aber alt, beleibt und ohne jeglichen Charme. Auch sprach er dem Trunke mehr zu, als gesund war. Treu sei der nimmer gewesen, sagte man, seine erste Frau sei darob vor Gram gestorben. Nein! Dieser Zwangsheirat verweigerte sich die schöne Katharina und brach aus dem Haus aus, um anderswo Glück und Liebe zu finden. So eilte sie denn von Altenburg fort. Doch der verschmähte Bräutigam ritt ihr nach und erspähte hinter dicken Bäumen im Stein ihr Versteck. Sein Wissen teilte der Mann gegen Zins mit dem Thomasklosterprobst zu Leipzig. Und der sandte die Häscher aus. Die arme Maid ward gefangen und augenblicklich verwechselt. Erst im Gefängnis erfuhr Katharina, wie es ihrer Schwester ergangen war, an derer statt sie nun büßte. Und Katharina nahm alle Schuld auf sich, um der geliebten Schwester ihr Glück dauerhaft zu gestalten.

Weder Äbtissin noch Probst noch die Nonnen noch kirchliche Richter erkannten den Personenschwindel, der sich ihnen hier bot. Die Schwestern glichen sich bis aufs Muttermal hinter dem Ohr. Zornbebend verkündete die Äbtissin das Urteil. Es lautete: Tod. Zur Urteilsvollstreckung begab man sich nächtens hinaus durch das Stadttor hin zu den Wiesen nahe der Elster. Es war ein gespenstischer Zug, der den Weg da entlangzog. Die Nonnen murmelten strenge Gebete. Die Waffen der Klosterknechte blitzten im Mondschein. In ihrer Mitte: Katharina gefesselt. Auf der Brücke über die Elster band man die Maid auch noch an ihren Füßen und beschwerte sie mit einem riesigen Stein. Unter Flüchen und

7

großen Verwünschungen warf man die Falsche ins Wassergrab, dass es platschte. Sie schrie.

Trotz aller Heimlichkeit und dem stillen Zug in der Tatnacht sprach sich die Kunde der Gräuel alsbald herum. Auch Maria vernahm sie in ihrem Turmversteck und weinte gar bitterlich. Ihr geliebter Bootskapitän vermochte nicht mehr, ihren Kummer ob dieses Menschenverlustes zu trösten. Ihre Liebe zerbrach. Fortan saß Maria den Abend zur Nacht und den Morgen hin bis zum Tag, immer und immer saß sie an der Todesbrücke und gedachte Katharina, ihrer über alles geliebten Schwester, die man für die von ihr selbst begangene Tat hingerichtet hatte. Und Maria betete und betete und weinte und weinte und schluchzte, bis sie zu Tode erschöpft. Ja, das Leid nahm ihr sämtliche Kräfte, die junge Maid verging schier und schwand dahin wie eine ungegossene Primel. Kaum zu erkennen war die einst Bildschöne noch, nur Haut und Knochen und Runzeln und Falten. So fand man Maria eines Tages tot auf der Elsterbrücke. Welch ein Elend! Dem Georgenkloster zürnte man und fluchte. Ungelitten wohnten die Nonnen nicht mehr lange an dieser Stelle, und ihr Kloster wurde geschleift, dem Erdboden gleichgemacht, es verschwand. Auf uns gekommen ist dagegen das ehrliche Heldinnenleben von Maria und Katharina, denn es wurde in der Handelsstadt fortan gepriesen und als gutes Beispiel erwähnt: Welch Vorbild an Lauterkeit, Liebe und Kraft! Die Schwestern wurden wie Heilige in eine ehrbare Grabstätte gelegt, die nicht erhalten blieb. Aber die Flussquerung, wo die beiden verstarben, nennt man auch heutigentags: die Heilige Brücke.

ⓘ Heilige Brücke: 04109 Leipzig, Brücke über den Elstermühlgraben zwischen Moschelesstraße und Am Elsterwehr

Die Legende vom Moritzburger Gold

Jn manchem Gasthaus der Gegend ums königliche Jagdschloss verzeichnet die Karte das Fischgericht »Moritzburger Gold«. Man behauptet, diese Spezialität sächsischer Küche fuße auf der innigen Liebe von Jungfer Alfrun mit dem Sohn des Regenten. Nicht zu verwechseln ist diese Mär mit dem Märchen der *Drei Haselnüsse für Aschenbrödel*, dem Film, der 1972 im Schlosse zu Moritzburg inszeniert ward. Das Moritzburger Gold begründete, sagt man, die Karpfenzucht, die alljährlich Hunderte hin in den Ort zum Moritzburger Fisch- und Waldfest zieht. Quellen berichten, dass Folgendes einst geschehen sei: Alfrun war zu einer edelschönen Jungfer herangereift, aber ansonsten fehlte ihr jegliches Kapital. Die Eltern waren sehr arm, ihrer Hände viele Arbeit nährte nicht die große Familie. Und Alfrun als Älteste musste mittun, Pilze aufspüren, Beeren absammeln, Holz für den Ofen heimbringen, auf dass er Geschwister und Eltern warm halte. Nun aber war ein jegliches Entwenden aus kurfürstlichen Wäldern allen Sachsen verboten, Alfrun war dies sehr wohl bekannt, denn die Eltern hatten sie mehrfach darauf verwiesen und Vorhaltungen gemacht. Einfach gesagt, aber auf Alfruns illegal heimgebrachtes Zubrot aus dem kurfürstlichen Friedwald rechnete die Familie und konnte darauf mitnichten verzichten. Manches Mal gar schickten die Eltern oder die Großmutter und der Großvater eines von Alfruns Geschwistern ihr hinterdrein, auf dass sie zusammen noch mehr heimtragen können. Und es blieb nicht aus, was geschehen musste. Jungfer Alfrun saß sinnend am Teiche auf einem Stein und blickte hinüber zum Schlosse mit seinen Zinnen. Das nun war allerstrengstens untersagt allen Landeskindern, nicht gern zeigte sich die königliche Familie privat. Und Jungfer Alfrun erblickte ihn, ihren Prinzen. Auf weißem Rosse preschte er aus dem Tore. Alfrun bemerkte mit Bangen, dass der Prinz den Weg, der nah an ihr vorbeiführte, einschlug. Sie musste sich bergen in hohem Gebüsch, sollte er sie nicht bemerken. Und das durfte er keinesfalls, denn bei Entdeckung drohte Strafe und Folter, gar grässlicher Tod. Jungfer Alfrun schob sich Haselnusszweige und Blätter vom Schilf vor das liebwürdige Antlitz und schaute verzagt auf das Kommende. Der Prinz ritt stürmend vorbei, und nur kurz erhaschte Alfrun einen Blick auf den Thronfolger. Aber dieses eine verhuschte Hinsehen hat es ihr angetan, Alfrun verliebte sich unsterblich in diesen sportlichen Jüngling. Und als hätten beider Herzen gesprochen, schaute der Prinz noch einmal zurück, konnte aber Alfrun nicht entdecken. Schilf und Haselnuss bargen sie gut.

Und so saß das Mädchen sinnend am Ufer und blickte erregt auf das Wasser und darüber hinaus. Das Schloss stand prächtig in praller Sonne. Das Ziegelrot der Dächer leuchtete weithin. Enten tummelten sich auf dem glitzernden Teich und Lietzen. Und um Alfrun grünte das Schilf, und im Nass grünten die Wasserlinsen. Beim Anblick dieser schwimmenden Gewächse hat nun die Jungfer gedacht: Ach, wäret all ihr Linsen doch Gold, denn mit all dem Golde wäre ich reich und könnte meinem Prinzen vor das liebliche Antlitz wohl treten. Aber ach, seufzte Alfrun, ach, ach, ich bin arm, und den Prinzen werde ich niemals mehr wiedersehen. Das Mädchen blieb sitzen nah da am Schloss und wusste nicht weiter, denn Wasserlinsen sind niemals nicht Gold. Auf einmal sprang vor der sehnsüchtigen Maid ein Fisch aus dem Wasser und raunte ihr die Worte hinüber: »Wart noch ein Weilchen, Alfrun, wart noch!« Träumte oder wachte sie? Aber woher Alfrun auch die Stimme gehört hatte, sie wartete wirklich. Und der Prinz kam zurück ohne Gefolge, auch ihn hatte eine Ahnung befallen, und er fand keine Ruhe. Dann erblickte er sie, die edelschöne Jungfer auf diesem Stein. Er sprang kühn vom Pferde, nahm das bebende Mädchen an beiden Händen und sagte: »Jungfer, ich werde dich freien.« Noch ein Weilchen hielt sich das Paar eng umarmt, und Alfrun berichtete ihrem Prinzen von ihrem törichten Wunsche des Linsengoldes und den Worten des Fisches. Der Prinz vermochte es kaum, zu glauben, war aber über die Umstände sehr glücklich, die seine Liebe hatten warten lassen. Die beiden scherzten und lachten und hatten ihr Glück wohl gefunden. Der Prinz setzte Alfrun auf sein Ross, und sie ritten gemeinsam auf das Schloss zu. Noch einen letzten Blick zurück auf den Teich warf das Mädchen. Tatsächlich sprang womöglich derselbe Fisch aus dem Wasser, und Alfrun erschien es, als wedele er mit seinem Schwanze ihr zum Gruße. »Oh, danke, liebes, liebstes Fischlein, ich werde dich immer in Ehren halten«, sprach da die Jungfer, und sie ehrte sie wirklich, die Karpfen im Teich, und ward auch dem Land eine gute Regentin.

Seit diesem Geschehen, berichtet die Sage, werden in Moritzburg Karpfen gezüchtet. Aber vor Jahren, als Königin Alfrun noch lebte, durften sie niemals nicht verspeiset werden. Nach Alfruns allzu frühen Tod aber saß nun der König trauernd am Orte ihrer ersten Begegnung und gedachte vergangener glücklicher Zeiten. Plötzlich sprang ihm ein dicker Fisch in den Schoß. »Ich habe lange gewartet«, sprach der Karpfen, »und ich wollte die Ehre von Königin Alfrun wie Ihr genießen, denn auch ich liebte sie. Aber nun iss mich! Ohne euer alltägliches Glück vermag ich nicht mehr länger zu leben.« Der König verwahrte sich ernsthaft dagegen, seines Glückes Schmied kann man nicht essen. Aber der fette Fisch bestand auf seine Bestimmung. »Und dadurch wäre ein bisschen von eurem Glück wieder bei Euch, mein König«, fügte er an.

Schweren Herzens trug der König den Karpfen zu seinen Köchen. Briet nun der Fisch schon, so sollten ihm auch Wasserlinsen an die Seite gegeben werden. Denn der Wunsch Alfruns, dass sie zu Gold würden, war der Beginn ihres Wartens und somit ihrer großen Liebe gewesen. Und deshalb ist das Moritzburger Gold gebratener Karpfen mit Linsen. Doch Wasserlinsen kann man nicht speisen, des Königs Köche kochten handelsübliche Linsen und gaben sie bei. Dem Regenten mundete dieses Mahl sehr und auch seinen Gästen. Und so oft der König an der Uferstelle nun weilte, stets sprang ihm ein prächtiger Karpfen hinein in den Schoß, und der König kam täglich.

Für eine Portion verwendet man 120 Gramm Linsen. Sie werden am Tage vorher im Wasser geweicht. Diese »Wasserlinsen« werden mit angedünsteten Zwiebeln geköchelt, bis sie wohl gar, aber bissfest noch sind. Dann wird dem königlichen Gericht Schlagsahne beigefügt, was sein muss, muss sein. Die Schlagsahne lassen wir in die goldenen Linsen einkochen. Das alles würzen wir mit Salz, frischem Pfeffer und einem Schuss Essig. Und über unsere Linsen geben wir Schnittlauch, ein Grün, das an die wirklichen Wasserlinsen erinnert. Der ausgenommene Karpfen wird nach individuellem Geschmacke gewürzt, dann im Mehle gewendet und im Öl knusprig zu Moritzburger Gold gebraten. Das Ganze wird mit goldgelben Salzkartoffeln serviert. Und es empfiehlt sich, alles auf güldenem Teller zu reichen. Golden im Glase, vermag ein Meißner Weißwein die wahrlich güldene Speise perfekt abzurunden.

Nun mögen Zweifelnde einwenden, dass ein so bitterarmes

Kind einen König zum Manne bekäme, wäre ein Märchen. Aber Königshäuser sagen bis heute nicht jedem alles, auch Meghan und Máxima, Mette-Marit und Mary konnten auf keinen königlichen Stammbaum verweisen. Die Sachsen verzichteten bereits anno dazumal auf eine standesgemä-ße Verehelichung ihres Infanten und waren damit der Zeit weit voraus.

ⓘ Barockschloss Moritzburg: Schlossallee, 01468 Moritzburg

Die Legende der Museumsknochen

949 berichtete die Kino-Wochenschau der DDR, der DEFA-»Augenzeuge«, von der Wiedereröffnung des Deutschen Hygienemuseums. Die Ausstellung war neugestaltet und präsentierte neben dem Modell einer Poliklinik, den Phasen der Geburt und dem Röntgenbild einer Rippe auch ein vollständiges menschliches Skelett. Das waren die 223 Knochen einer Doppelmörderin, wussten die Dresdner. Ihr Name: Frieda Lehmann.

»Süßer die Glocken nie klingen als zu der Weihnachtszeit.« Die Stadt hatte sich fürs Fest geschmückt, kärglich in diesem Nachkriegswinter 1946. Doch trotz Lebensmittelrationierung, Energieknappheit und Witwenschaft drehten Pyramiden in den Fenstern, hing Lametta an den Christbäumen, sah man die Vorfreude in Kinderaugen. Allerdings wurden seit dem 12. Dezember zwei Menschen vermisst: Käthe Stiehler und ihr Sohn. Fünf Tage später entdeckte eine Frau beim Suchen eines Ofenknies im Trümmerfeld ein in Zeitung eingeschlagenes Paket, an dem schon die Raben pickten.

»Der Fundort ist der Alaunplatz. Das Gelände ist teils durch Bombentrichter, teils durch angefahrene Asche uneben geworden. Die Kuhle, in welcher die Füße und Unterschenkel liegen, ist ca. 40 m von dem Bischofsweg entfernt.« Abgeschnittene Frauenbeine! Die Leichenteile frisch.

»Rein äußerlich gesehen, scheinen diese Knochen von einer Person mittleren Alters zu stammen. Die Gebeine sind an beiden Enden mit den Kugelgelenken, welche vollständig unversehrt sind, begrenzt. Das Zeitungspapier, welches sich noch zum Teil daran befindet, ist infolge von Blut und Kälte fest an die Knochen angebacken. Beide Oberschenkelknochen sind durch Schnabelhiebe von Vögeln zerhackt. Vor allem ist zu erwähnen, daß das Fleisch von beiden Oberschenkeln abgeschnitten worden ist.« Dresden steht unter Schock. Die Menschen diskutieren das Gerücht, ob Menschenfleisch in den Verkauf gekommen sei. Weitere Körperstücke werden am Bahndamm und in den Aschengruben der Neustadt entdeckt. Alsbald ist den Ermittlern klar: Es sind Käthe Stiehler und ihr achtjähriger Sohn Heinz, die brutal ermordet worden sind.

Spuren in der Wohnung von Käthe Stiehler beweisen, dass bei ihr eingebrochen worden ist. Blusen, Ringe, weitere Kleidung und Besteck haben Diebe entwendet. Zeugen sagen, mehrmals haben sie in den Räumen verdächtige Geräusche wahrgenommen. Dass es der Mörder war, konnte keiner ahnen, der Täter besaß einen Wohnungsschlüssel. Am Papier der Zeitung, in der man die Unterschenkel fand, stellt die Kriminaltechnik grüne Flüssigkeitsreste fest. Tusche, die im Glühlampenwerk verwendet wird, in dem die Tote beschäftigt war. Die Ermittlungen konzentrieren sich auf Käthe Stiehlers Arbeitsumfeld. Sie hatte sich mit Frieda Lehmann angefreundet, einer Kollegin, die ihr Schicksal teilte, beider Männer waren noch nicht aus der Kriegsgefangenschaft entlassen worden. »Nach weiteren Ermittlungen bei den Hausbewohnern wurde festgestellt, daß diese Frieda Lehmann ihre Arbeitskollegin Stiehler oft besucht hatte und sogar einmal bei ihr genächtigt hatte. Daraufhin wurde bei der in Dresden N, auf der Talstraße 9, 2. Hinterhaus l., wohnenden Frieda Lehmann eine Haussuchung vorgenommen.« Zwischen Kerzen, Tannengrün und Weihnachtsengeln stellt die Polizei grüne Tusche und die Handschuhe des Opfers, Blutspuren und ein Messer sicher.

15

Frieda Lehmann verwickelt sich in Widersprüche und gesteht, ein Fremder habe diesen Mord begangen, sie habe die Leichen im Elbestrom entsorgt. Eine Falschaussage, man legt ihr die Fotos der Körperteile vor. Weitere Lügen folgen, bis Frieda Lehmann endlich sagt, sie sei neidisch auf die wirtschaftliche Situation der Kollegin Stiehler gewesen. Sie selbst sei aus Schlesien geflüchtet, ihre Familie besäße nichts. Die Stiehler habe ihr die erbetenen Kleidungsstücke für die Verwandtschaft nicht geben wollen. Auch würde Käthe Stiehlers Mann bald aus italienischer Gefangenschaft entlassen, während ihrer bei den Russen hungerte. So habe sie Käthe Stiehlers Sohn ein schönes Weihnachtsgeschenk versprochen, das sollten sie am 11. Dezember bei ihr abholen. Als sie kamen, war der Mord von Frieda Lehmann längst geplant.

»Ich setzte das Messer an der rechten Halsseite der Stiehler vorn an der Gurgel an und zog es mit einem starken Ruck in die Richtung des Halswirbels. Ich konnte genau beobachten, daß das Messer an seiner tiefsten Stelle ca. 6 cm eindrang. Der Schnitt selbst war von der Gurgel bis zum Halswirbel. Als ich den Schnitt ausführte, stieß ich am Ende auf einen Widerstand, von dem ich annahm, daß es der Halswirbel war. Im selben Augenblick spritzte aus der Schnittwunde ein großer Blutstrahl. Ich selbst wurde von dem Blutstrahl getroffen, so daß ich an der Brust und von da an abwärts sowie an den Händen blutbesudelt war.«

Dann fährt sie fort: »Der Junge, welcher immer noch mit angstverzerrtem Gesicht auf dem Stuhl mit dem Rücken zur Küchentür saß, kam nunmehr auf seine Mutter zugestürmt und schrie laut: ›Mutti, was ist? Mutti, was ist?‹ Er kniete sich der Mutter zur Seite und rief laut: ›Oh, meine Mutti ist tot!‹ Als er diese zuletzt genannten Worte ausrief, hatte er sich an der Seite seiner Mutter niedergekniet, ich selbst stand ca. einen Meter von dem Jungen entfernt, stürzte auf ihn zu und würgte ihn mit beiden Händen.« Beider Leichen zerlegte Frieda Lehmann und verteilte sie um die Häuser in der Dresdner Neustadt.

Am 30. Dezember 1946 kann die Polizei vermelden: »Furchtbares Verbrechen aufgeklärt!«, und setzt sich damit auch gegen Kritik zur Wehr. »Durch die Aufdeckung der furchtbaren Bluttat hat die junge demokratische Polizei erwiesen, daß sie in der Lage ist, den Schutz der Dresdner Bevölkerung zu übernehmen.«

Doch verstummen die Gerüchte um diese Bluttat nicht. Frauen teilen das Schicksal abwesender oder toter Ehegatten. Einwohner und Flüchtlinge kämpfen um Wohnung, Essen, ihr blankes Überleben. Mordtat und Prozess ein Abbild der Zeit. »Das große Interesse, das der grausige Doppelmord in der Talstraße bei der Dresdner Bevölkerung hervorgerufen hat, kam auch in dem ungewöhnlich starken Andrang des Publikums zu der Schwurgerichtsverhandlung zum Ausdruck, die am Freitag im Saal des Hygiene-Museums geführt wurde.« Die Verhandlung verlegte man aus dem Gerichtsgebäude am Münchner Platz in den größten Saal der Stadt. Der Richter sprach am 7. Februar 1947 das Urteil: »Der Mord kennzeichnet sich durch Folgerichtigkeit und unerhörte Brutalität in Plan und Ausführung. Es muß die verwilderte Wirkung des Krieges und der verflossenen 12 Jahre zum Verständnis, aber keineswegs zur Milderung oder gar Entschuldigung, herangezogen werden.« Konsequenz: Tod durch das Fallbeil.

Noch während des Gerichtsprozesses kehrte Frieda Lehmanns Ehegatte aus der Kriegsgefangenschaft zurück. Die Gerüchte um verkauftes Menschenfleisch verstummten in Dresden nie. Sicher ist, dass sich die Universität zu Leipzig für die Hingerichtete interessierte und bat, ihr »Tag und

Ort der Urteilsvollstreckung so rechtzeitig bekannt zu geben, damit das Anatomische Institut, dem die Leiche zu Unterrichts- und Forschungszwecken überlassen werden soll, die entsprechenden Vorbereitungen treffen kann«. Die neukonzipierte Ausstellung des Deutschen Hygienemuseums eröffnete 1949. Dresdner wussten, dass die Knochen Frieda Lehmanns dort bis 1990 zu sehen waren. Auf Nachfrage bestritt das Museum, je ein menschliches Gerippe ausgestellt zu haben. Also alles Legende?

ⓘ Deutsches Hygienemuseum: Lingnerplatz 1, 01069 Dresden

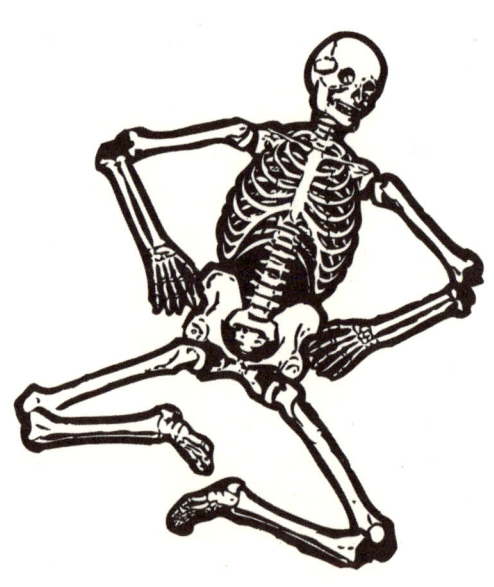

Der legendäre Goldfinger

Musst du denn immer so böse Menschen spielen? Wir können uns hier nicht mehr sehen lassen …«, meinte die Mutter zum Sohn. Ihren Frust kann man der Frau nachempfinden, Gert Fröbes Sechs-Minuten-Auftritt im Kriminalfilm *Es geschah am hellichten Tag* (1958) als Sexualmörder Albert Schrott hatte Millionen Zuschauer verschreckt. Für den Schauspieler war es der Beginn einer Weltkarriere, die viel mehr als unvergessliche Filmschurken hinterließ. Aber »dass jemand, der den Ruf der Deutschen im Ausland auf das Nachhaltigste geschädigt hat, dennoch von den Deutschen geliebt, verehrt, geachtet wurde, Gert Fröbe hat dieses Wunder fertiggebracht. Als kolossaler Nestbeschmutzer ist er in zahllosen internationalen Filmen aufgetreten, ein bisschen teigig, ein bisschen lauernd und stets von lärmend falscher Gemütlichkeit. Anders als Walter Ulbricht hat man ihm sogar sein Sächsisch verziehen.« Trotz Schauspielunterricht bei Erich Ponto (*1884; †1957) blieb sein P weich, weil in Sachsen, ähm, »de Weech'n de Hard'n besiechn«, und Sachse war Gert Fröbe – kein Zweifel.

Vater Otto Johannes Fröbe betreibt in Oberplanitz bei Zwickau (noch war der Ort nicht eingemeindet) im Erdgeschoss des Hauses Edisonstraße 1 ein Lederwarengeschäft mit Schuhreparatur und gilt den Nachbarn als wohlsituierter Mann. Am Dienstag, den 25. Februar 1913, wird dem »Leder-Fröbe« und seiner Frau Alma im Hofzimmer ihrer Wohnung im ersten Stock der männliche Nachkomme Karl Gerhart geboren. Man ruft ihn kurz: Gert. Bereits als Baby beeindruckt dessen dicker, runder Kopf, den die Familie als »Quadratschädel« bezeichnet. Sommersprossen schmücken sein Gesicht. Und es fällt auf, dass der Gert erstaunlich weit die Augen aufzureißen vermag. Ein Markenzeichen, das er als Schauspieler perfektioniert. Zum fünften Geburtstag beschenkt man den jungen Selbstdarsteller mit einem Puppentheater. Zur Silberhochzeit der Großeltern beglückt der Impresario die zahlreiche Verwandtschaft mit einem eigens erdachten Kasperlspiel. Dessen handelnde Figuren sind ein Esel und das Arschloch einer Kuh. Vom Vater gibt's Wamse, die Zuschauer verlangen: »Zugabe!« Ansonsten versteht sich der Knabe mit seinem Vater gut. Wochenends pilgern die Männer weg von Muttern hin zum Fußball, Planitz ist der Stadt Zwickau überlegen. Die Sportart bleibt Gert Fröbes Leidenschaft. Der Vertrag seiner fünften Ehe legt fest, dass der Samstag, komme, was wolle, dem Fußball freizuhalten sei.

In der Schule bleibt Gert zunächst ein Außenseiter, allein seine Schultüte überragt die aller anderen. »Rote Haare, Sommersprossen …«, wird dem Kleinen nachgerufen. Er verreibt sie mit Märzschnee, von dem nicht nur Erzgebirgler glauben, er könne die lästigen Hautflecken verschwinden lassen.

Nach dem Puppentheater spielt Gert Fröbe mit Talent Geige. »Mit 17 durfte ich die Solovioline der F-Dur-Romanze von Beethoven mit großem Orchester im Mitteldeutschen Rundfunk Leipzig spielen.« Behauptet wird, dass der 14-Jährige in der Badewanne eingeschlafen sei und sich stark unterkühlte. Das zog eine Rippenfellentzündung, Gelenkrheumatismus und eine doppelseitige Lungenentzündung nach sich. Ein Jahr bleibt der Junge ans Bett gefesselt. Kuriert wird er im Radiumbad Oberschlema, das damalig bedeutendste Heilbad Deutschlands. Auch deshalb muss Gert Fröbe zweimal Klassenstufen wiederholen. Der Vater schilt ihn dafür nicht. Trotzdem bleibt Gert zeitlebens

Muttikind: Er schwärmt für ihre Kochkunst, ihre Fürsorge, ihr Einfühlungsvermögen. Fröbes Ehefrauen fürchten Mutters Dominanz, wenn sie aus Zwickau kommend zu Besuch im Westen weilt.

Um auf sich aufmerksam zu machen, wird Gert Fröbe Klassenclown. Mit Gleichaltrigen gründet »der rohde Geicher von Zwigge« ein Salonorchester, denn seine kurzen Finger scheinen ihm für die Klassik ungeeignet. Alsbald spielen sie im Zwickauer *Kaiserhof* und anderswo zum Tanz. »Weil Gert so müde war, ist ihm in der Schule der Kopf auf die Bank gefallen. Alle haben gelacht, aber der Lehrer hat gesagt: ›Meine Herren, ich möchte Ihnen nur sagen: Herr Fröbe hat heute Nacht gearbeitet.‹« Damit unterhält der junge Mann finanziell seine Familie, denn wirtschaftlich kann der gutmütige Leder-Fröbe den gesellschaftlichen Gegebenheiten nicht mehr standhalten. Die Ehe der Eltern geht auch darob in die Brüche.

Neben der Musik malt der Schüler. Sein Talent erkennen Förderer, Gert Fröbe wird an der Dresdner Kunstakademie immatrikuliert. »Schon nach einem Jahr erhält der malwütige Künstler Fröbe, der mit Fliege und Hut verkleidet sein Künstlerdasein auch unübersehbar vorführt, den sächsischen Kunstpreis. Für welche Werke, ist leider nicht bekannt. Aber ein Dresdner Hotel kauft eines der Bilder, und Fröbe bekommt dafür ein Jahr lang freien Mittagstisch.« Auch das Theater hat davon vernommen und bittet den Künstler, Staatstheaterstar Erich Ponto in Öl zu bannen. Dem Mimen gesteht Fröbe, Schauspieler werden zu wollen, und deklamiert im breiten Sächsisch den Mephisto-Monolog: »Ich bin der Geist, der stets verneint ...« Ponto meint: »Man hat es oder hat es nicht.«

Gert Fröbe nimmt zunächst bei Ponto Schauspielunterricht in Dresden, später in Berlin. Erste Engagements folgen in

Wuppertal und Frankfurt am Main sowie Wien. 1941 wird Fröbe noch zum »leichten Dienst« in die Wehrmacht eingezogen, er wird Sanitäter bei den Barmherzigen Brüdern in Wien. Endkampfchaos, Gefangenenlager, Hunger. Nach dem Kriege schlägt sich der Künstler als Alleinunterhalter mit Kleinkunst durch. Erich Kästner (auch ein Sachse) meint: »Er überfuhr uns wie eine Straßenbahn. Wir waren alle seine Anhänger.« Dabei entdeckt Fröbe seine Affinität zu Christian Morgenstern und dessen absurden Gedichten. Sie werden für den Schauspieler stetes Repertoire und Kult. »Morgenstern vor Fröbe ist ein anderer als Morgenstern nach Fröbe.« Erste Filmauftritte folgen und die Hauptrolle als spindeldürrer Otto Normalverbraucher (der Name ging daraufhin in den deutschen Wortschatz ein) in der *Berliner Ballade* (1948). Heinz Rühmann schlägt ihn für die Rolle des Sexualverbrechers Albert Schrott vor – es folgt eine Weltkarriere.

Michael Strauven titelt Gert Fröbes Biografie mit *Jedermanns Lieblingsschurke*, und als Verbrecher bleibt der Schauspieler auch vielen im Gedächtnis: als zwielichtiger Millionär im Edgar-Wallace-Reißer *Der grüne Bogenschütze* (1961), als gnadenloser Familiendespot der *Via Mala* (1961), als Stümper im Patricia-Highsmith-Psychogramm *Der Mörder* (1963), als tumber *Räuber Hotzenplotz* (1974) oder als Walfisch Otto Krampe im *Regenschirmmörder* (1980). An Boshaftigkeit wird jedoch jeder perfide Gangster überstrahlt von Bonds allzeit bestem Gegner Auric Goldfinger (*James Bond 007 – Goldfinger*, 1964). Dabei hätte Fröbe diese Rolle nie angenommen, hätte ihn seine Gattin nicht davon überzeugt.

Bedauerlicherweise treten Gert Fröbes weitere Rollen in den Hintergrund, so zum Beispiel die TV-Aufzeichnung *Morgenstern am Abend* (1973) oder sein letzter Auftritt in der ZDF-Fernsehserie »Die Schwarzwaldklinik« (1988). »Kein Zweifel, Fröbe hatte Format. Er füllte Bühne und Leinwand, in jeder Hinsicht. Aber noch wichtiger ist: Er hatte die schauspielerische Intelligenz, dieses Format, diese raumgreifende Fülle in Frage stellen zu können. Er spielte nie so ganz sich selbst, sondern kommentierte mit Skepsis und Schlauheit menschliche Ungetüme. Vielleicht blieb deshalb die Sympathie auf seiner Seite.«

ⓘ Gert Fröbes Geburtshaus: Edisonstraße 1, 08064 Zwickau

Gert Fröbe: *Auf ein Neues, sagte er ... und dabei fiel ihm das Alte ein. Geschichten aus meinem Leben.* München 1988.

Gert Fröbe liest: *Morgenstern am Abend und Als wär's heut' gewesen.* Zürich 2003.

Gert Fröbe liest aus: *Doktor Erich Kästners Lyrischer Hausapotheke.* Zürich 2003.

Michael Strauven: *Jedermanns Lieblingsschurke. Gert Fröbe. Eine Biografie.* Berlin 2012.

Es geschah am hellichten Tag (1958). Regie: Ladislao Vajda. DVD: München 2012.

James Bond 007 — Goldfinger (1964). Regie: Guy Hamilton. DVD: München 2008.

Die Legende von der wehrhaften Müllerin

Es ist seit alten Zeiten von cleveren Frauen viel erzählt. Der Deutschen Lieblingsheldenlied präsentiert die Kampfmaschine Brunhild und die sich gnadenlos rächende Kriemhild. »Sie war ein schönes Weib / um die viele Degen mussten / lassen Leben und Leib.« Alljährlich wird der Weiberstreit Theaterspektakel vor dem Dome zu Worms, wo er einst hat stattgefunden. Die Loreley auf hohem Felsen treibt allein ihres Anblicks wegen die Männer in den Untergang. »Ich glaube am Ende verschlingen / die Wellen Schiffer und Kahn, / und das hat mit ihrem Singen / die Loreley getan.« Heldische Jungfrauen aller Orten, die in missliche Lage gerieten und sich aus auswegloser Lage befreiten. Sie faszinierten die Männer und stießen sie darob ins Elend. Manchmal jedoch war's wie im Märchen und endete glücklich.

Der armen Bauerntochter stellte der König zur Heirat ein Rätsel und rechnete wohl (vielleicht hoffte er's auch) mit ihrem Versagen: »Komm zu mir, nicht gekleidet, nicht nackend, nicht geritten, nicht gefahren, nicht in dem Weg, nicht außer dem Weg, und wenn du das kannst, will ich dich heiraten.« Da entledigte sich das kluge Mädchen all ihrer Kleider, »da war sie nicht gekleidet, und nahm ein großes Fischgarn und setzte sich hinein und wickelte es ganz um ihren Leib, da war sie nicht nackend, und borgte einen Esel fürs Geld und band dem Esel das Fischgarn an den Schwanz, darin er sie fortschleppen musste, und war das nicht geritten und nicht gefahren, der Esel musste sie aber in der Fahrgleise schleppen, so dass sie nur mit der großen Zehe auf die Erde kam, und war das nicht im Weg und nicht außer dem Wege. Und wie sie so daherkam, sagte der König, sie hätte das Rätsel getroffen und es wäre alles erfüllt.« Und so reichte der König der klugen Bauerntochter nun seine Hand zur Ehe und befahl ihr das ganze königliche Gut an.

Die Geschichtsforscher wissen, dass jedes Märchen auf wahrem Geschehen beruht, und intelligente wie mutige Frauen, die vor Würdenträgern und Männern keine Angst spürten, hat's immer gegeben. Gar manchmal ist's dem starken Geschlecht zum Verhängnis geworden. Auch in Sachsen: So erzählt man, dass sich zu Berbisdorf vor den Höhen des Erzgebirges nahe der großen Stadt Chemnitz (heute eingemeindet) eine Mühle befand, darin der Müller und seine Müllerin brav schafften. Am 16. September 1520 seien zwei Soldaten, der eine in Manns- und der andre in Weibskleidern zu jenen gekommen und haben sie um eine Herberge zur Nacht angesprochen, die ihnen das Müllerspaar gutwillig vergönnte. Der im Habit eines Mannes sprach zum Hausherrn gar drängend: »Müller, wie wär's mit einem Gang in die Wirtschaft, ich gäbe aufs Nachtlager Euch gern einen aus.« Und so gingen die beiden zur Schänke aufs Bier und ließen sich's munden. Das Mannweib jedoch in der Mühle versuchte, die Müllerin derweil um Geld und Geschmeide zu bringen. Die Müllerin trotzte, auch als sie von ihm gezwungen ward, die Truhe mit den Schätzen zu öffnen. Doch der Gewaltdrohungen musste die Frau sich letztlich unterwerfen, wollte sie ihr Leben behalten, und reichte dem Spitzbuben den Schlüssel. Der Räuber schloss, und der Deckel der Schatztruhe hob sich. Das überraschte, machte ihn aber auch glücklich, denn blutlos und einfach war er zum Ziele gelangt. Als er jedoch sich zu den in der Truhe glänzenden Werten herabbeugte, um sie an sich zu nehmen, war die Müllerin hinter seinen Rücken geschlichen. Mit kühnem Griff langte sie nach seinen Beinen und riss sie herauf, so dass der Mann in den Kasten stürzte. Schnell klappte sie den Deckel wieder nach unten und drehte ein-, zweimal den Schlüssel im Schloss. Laut rief sie nach ihrem Sohne, er solle den Vater aus der Schänke heimholen. Doch hatte in der Wirtschaft der Komplize den Müller längst allein sitzen lassen und war auf dem Wege zur Mühle, um seinen Kumpan zu unterstützen. Als er des Müllers Jungen wohl ansichtig wurde, zwang er ihn zur Umkehr. So war der Plan einer Rettung gescheitert, der Knabe musste sich auf den Heimweg mit dem Verbrecher begeben. Der ahnte bereits, dass der Raub nicht so verlaufen war, wie von ihnen erdacht. Als sie an der Mühle ankamen, war diese fest verschlossen, die Riegel vorgeschoben, die Laden geschlossen. Die Müllerin ließ weder ihren Jungen noch den Räuber ins Haus. Darob geriet der Verbrecher in Rage und massakrierte wohl den unschuldigen Knaben. Die Mutter befiel ein Schaudern, als sie die Tat und die Schreie anhören musste, doch vernahm sie auch die weiteren Wege des Mörders. Der versuchte, über die Mühlwelle ins Haus zu gelangen. Die Müllerin jedoch setzte das Mahlwerk geschwind in Bewegung, der Räuber wurde von dem Balken gestoßen und geriet unters Rad. Der Mühlstein quetschte den Unhold zu Tode. Nun eilte die mutige Frau in die Kneipe, um ihrem Mann nebst den Gerichten ob der Untat und ihrem Handeln Bescheid zu geben. Eine Anzahl von Herren und Knechten schritt mit Müller und Müllerin hin an den Ort des grausen Geschehens, sie konnten nicht an die Wahrheit des Erzählten glauben und überlegten wohl, die Müllerin ins Irrenhaus zu expedieren. Angelangt an der Mühle, ließen sie die Geldtruhe öffnen, um vom darin versperrten Räuber Antworten zu erhalten. Doch blieb der Mann regungslos, so sehr sie ihn auch rüttelten und schüttelten. Der war am Luftmangel zu Tode gekommen. Beider Bösewichter leibliche Hüllen sind nachgehend zu Freiberg, allen andern zur Abscheu, aufs Rad gelegt worden. Die Raben pickten Tage, ja, Wochen. Müller und Müllerin fielen sich in die Arme und beweinten den Sohn.

Die Mär von der wehrhaften Müllerin zu Berbisdorf hat sich erhalten, wenn auch heute keiner mehr den Standort der Mühle zu bezeichnen weiß. So steht ihre Geschichte in Märchenbüchern und Sagensammlungen. Gar Wilhelm Busch hat sie inspiriert, er hat das Geschehen leicht abgewandelt, ausgeschmückt und mit vielen Details versehen. Der Legenden Natur ist's allemal, dass sie weitergesponnen werden:

Die kühne Müllerstochter

Es heult der Sturm, die Nacht ist graus,
Die Lampe schimmert im Müllerhaus.
Da schleichen drei Räuber wild und stumm
– Huschihusch! Pst, pst! – ums Haus herum.
Die Müllertochter spinnt allein,
Drei Räuber schaun zum Fenster herein.
Der zweite will Blut, der dritte will Gold,
Der erste ist dem Mädel hold.
Und als der erste steigt herein,
Da hebt das Mädel den Mühlenstein.
Und – patsch! – der Räuber lebt nicht mehr,
Der Mühlstein druckt ihn gar zu sehr.
Doch schon erscheint mordgierig = heiter
Und steigt durchs Loch der Räuber zweiter.

Ha! Hu! – Er ist ehers gewollt
Wie Rollenknaster aufgerollt.
Jetzt aber naht mit kühnem Schritte
Voll Goldbegierigkeit der dritte.
Schnapp! – ist der Hals ihm eingeklommen;
Er stirbt, weil ihm die Luft benommen.
So starben die drei ganz unverhofft.
O, Jüngling! da schau her!!!
So bringt ein einzig Mädchen oft
Drei Männer ins Malheur!!!!

ⓘ Wilhelm Busch: *Sämtliche Bilderbogen.*
Frankfurt am Main 1983.

Die Legende vom Mann mit zwei Männern

Wir haben zehn Jahre für Land und Freiheit gekämpft. Es hat viele unserer Besten gekostet, aber wir sind etwas Neues geworden. Weshalb hat diese Bande sich selbst vernichtet? Weil sie die Macht des bewaffneten Volkes spürte. Auch an diesem Jungen seht ihr diese Macht. Er konnte mit seinen sechzehn Jahren die Bildung einer Ortswehr anordnen. Aber, Trini! Zapata blieb stets bescheiden. Du hast für unsere große Sache gekämpft, werde nie klein!«

Trini (1954), *Der Neger Nobi* (1955), *Herniu und der blinde Asni* (1956), *Camilo* (1963) – die Kinderbücher Ludwig Renns waren in der DDR Bestseller und Schulstoff und wurden gelesen und diskutiert. Sie lagen ideologisch auf Linie und berichteten vom Freiheitskampf Lateinamerikas, andererseits schilderten sie Kinder als Persönlichkeiten, nicht als Puppen oder Abziehbilder ohne eigenen Willen und Charakter. Das beeindruckte, und Schüler gingen auf Expedition, um über den Autor mehr zu erfahren.

In Dresden war er aufgewachsen im Nobelviertel Weißer Hirsch, Elbhanglage, Sicht auf die Stadt. Seit Jahren wohnte dort die Upperclass, dazu hatte er gehört. Eine alte Dame ward da getroffen, sie hatte jahrelang mit Ludwig Renn in enger Nachbarschaft gewohnt. Als sie die Schüler wissbegierig fragten, was sie ihnen über den Schriftsteller erzählen könnte, antwortete die Alte brüsk: »Über Verräter verliere ich kein Wort!« Der Autor hatte seiner angestammten Klasse entsagt und war Kommunist geworden.

Ludwig Renn ist ein Phänomen und das Pseudonym von

Arnold Vieth von Golßenau. Hineingeboren wurde er 1889 in die höchsten Adelskreise der Königsresidenzstadt Dresdens. »Das Lebensglück meiner Mutter wurde zerstört, als sie, mit erst neunzehn Jahren und noch unmündig, von ihrem Vater, Dr. Friedrich Raspe, gezwungen wurde, meinen Vater, Dr. Johann Vieth von Golßenau, zu heiraten.« Der Vater war ersichtlich von Adel und Prinzenerzieher am Königshof. So schien des jungen Arnolds Lebenslaufbahn vorbestimmt: Militärkarriere. »Im Ganzen brachte mir die Kriegsschule zwar technisch gute Kenntnisse, aber auch eine tiefe Enttäuschung über die Offiziere. Insbesondere gewann ich einen Hass gegen das scheintüchtige Preußentum. Während mir das ›Volk‹, wie ich es nannte, also der arbeitende Mensch in der Halbsklaverei des Militärs liebgeworden war, verachtete man ihn hier wie zur Zeit des Absolutismus und merkte nicht, wie unzeitgemäß und auch unwürdig das war. Mich widerte auch die Albernheit und Oberflächlichkeit der Fähnriche an, die überhaupt keine Interessen hatten außer Saufen, Huren und Geldhinauswerfen.«

Doch zunächst schlägt er eine Karriere in der sächsischen Armee ein. Arnold Vieth von Golßenau befehligt im Ersten Weltkrieg ein Bataillon an der Westfront. Seine Erfahrungen münden im schonungslosen, autobiografischen Roman *Krieg* (1928). Sein Held ist der Gefreite Ludwig Renn. Er kämpft in der Marne-Schlacht, der Schlacht an der Aisne und in der Frühjahrsoffensive 1918. Vergeblich versucht der Autor, einen Verlag dafür zu finden. So erscheint sein Roman zunächst in 34 Fortsetzungen in der *Frankfurter Zeitung*. Das Werk reiht sich ein in die weltliterarischen Abrechnungen dieser Völkerschlachten von Arnold Zweig, Ernst Jünger und Erich Maria Remarque. Neben dem Schreiben widmet sich Arnold Vieth von Golßenau

dem Studieren von Jura, Nationalökonomie, Kunst und russischer Philologie in Göttingen und München und später einem Archäologie-Studium in Wien. 1927 wird er Augenzeuge des Wiener Justizbrandes, bei dem ein Skandalurteil zu Unruhen führt, die blutig niedergeschlagen werden. Dies gibt ihm endgültig den Anlass, mit seiner Herkunft zu brechen. Zurückgekehrt nach Deutschland, hält er erstmals unter dem Pseudonym Ludwig Renn Vorlesungen an der Volkshochschule Zwickau zu chinesischer und russischer Geschichte und tritt der KPD bei. Weitere Bücher und Artikel folgen. »Sein nüchterner Stil machte ihn zu einem Literaturstar der Weimarer Republik. Renns frühe Romane sind Klassiker, sie schildern Deutschlands Katastrophenjahre vom Ersten bis zum Zweiten Weltkrieg.«
Sein Ruhm und seine Haltung gefallen den Machthabern nach 1933 nicht. Sie werfen seine Werke auf den Bücherscheiterhaufen. Daraufhin lebt Arnold Vieth von Golßenau fortan unter dem Namen des Helden seines ersten Romans: Ludwig Renn. Die Nazijustiz inhaftiert ihn mit Carl von Ossietzky und Ernst Torgler wegen »Ausarbeitung zu Aufstandsplänen«. Das Urteil lautet: dreißig Jahre Zuchthaus. 1935 vorzeitig entlassen, emigriert der Schriftsteller. Im Spanienkrieg ist er aufgrund seiner militärischen Erfahrungen Kommandeur des Thälmann-Bataillons. Nach einer Vortragsreise bleibt Ludwig Renn im Exil in Mexiko wie Anna Seghers, Egon Erwin Kisch, Bodo Uhse und Steffie Spira. Die Themen späterer Kinderbücher greifen auf diese Erfahrungen zurück. In die DDR heimgekehrt, nimmt Ludwig Renn 1947 eine Professur am Kulturwissenschaftlichen Institut der Technischen Hochschule Dresden an, diese ernennt Renn zum Ehrendoktor. Später wird er Ehrenpräsident der Akademie der Künste und Vorsitzender des PEN-Zentrums (Schriftstellervereinigung »Po-

ets, Essayists, Novelists«) der DDR. Er wird parteilich und künstlerisch mit Nationalpreisen, Karl-Marx- und anderen Verdienstorden sowie dem Großen Stern der Völkerfreundschaft hochgeehrt. Er stirbt am 21. Juli 1979 in Berlin. Noch heute tragen Straßen in Dresden, Zwickau und Berlin seinen Namen.

Ludwig Renns Romane orientieren sich an der eigenen Biografie: *Nachkrieg* (1930) ist die Fortsetzung des Welterfolgs *Krieg* und schildert die Wirrnisse vor und nach der Novemberrevolution. »Wem unser weltabgewandter Schulbetrieb schön vorkam und wer sich vorm Leben fürchtete, mit dem hatte ich nichts zu tun. Zwar kannte ich meine Schwächen recht gut, und doch freute ich mich auf das Kommende.« *Adel im Untergang* (1944) vollzieht die Dresdner Kindheit und Jugend des Autors bis zur Militärausbildung nach und gibt eine ganz andere Sicht des Stadtlebens als Erich Kästners *Als ich ein kleiner Junge war* (1957), der dieselbe Zeit quasi aus der Perspektive unterm Weißen Hirsch, der Dresdner Neustadt, beschreibt. Das Fernsehen der DDR verfilmte *Adel im Untergang* 1980 in zwei Teilen. Es wirkten unter anderem mit: Erwin Berner, Horst Schulze und Erik S. Klein. *Meine Kindheit und Jugend* (1957), *In Mexiko* (1979) und *Anstöße in meinem Leben* (1980) weisen bereits im Titel auf die autobiografischen Bezüge hin. Sie geben ein individuelles Abbild europäischer Geschichte bis hin zu markanten Personen: König Friedrich August III., Ernest Hemingway und Fidel Castro. »Das Ziel ist zu zeigen, wie aus einem stets Unbefriedigten ein glücklicher Mensch werden konnte.«

Brach Ludwig Renn mit Herkunft und Familie, so genügte auch sein Privatleben den überkommenen Regeln nicht. Er verschwieg nie seine Homosexualität und lebte mit seinem Lebensgefährten Max Hunger (*1901; †1973) in Ber-

lin-Kaulsdorf. 1949 nahmen beide den jungen Hans Pier-
schel (*1922; †1994) in ihre Gemeinschaft auf. Treu fuhren
sie mehr als dreißig Jahre in den Sommerurlaub ins Zittauer Gebirge: Lückendorf, Oberaue 4. Eine bescheidene
Herberge, abgelegen und mit weitem Blick zu Altvater-,
Iser- und Riesengebirge. In der Künstlerabteilung des Zen-
tralfriedhofs Berlin-Friedrichsfelde sind sie in trauter Drei-
samkeit begraben.

Was Ludwig Renn noch immer lesenswert macht: »Er erzählt nur. Wie in einem Zuge, ohne dozierend aufgereck-
ten Zeigefinger. Er stellt keine langwierigen Betrachtungen
an, ergeht sich nicht in Abhandlungen. Er stellt wieder und
wieder fest: So war das, so ging es zu. Er lässt nur diese Fest-
stellungen sprechen, und sie sprechen, ohne dass ein Wort
mehr nötig wäre.«

ⓘ Grab auf dem Zentralfriedhof Berlin-Friedrichsfelde: Gudrunstraße 20,
   10365 Berlin

Die Legende vom ungeschriebenen Werther

Diese Geschichte zu erzählen, würde eine müßige Nachahmung sein, wenn sie nicht auf einem wirklichen Vorfall beruhte, zum Beweise, wie tief im Menschenleben jede jener Fabeln wurzelt, auf welche die großen alten Werke gebaut sind. Die Zahl solcher Fabeln ist mäßig: Aber stets treten sie in neuem Gewande wieder in die Erscheinung und zwingen alsdann die Hand, sie festzuhalten.« Gottfried Keller konzipierte seine weltliterarische Liebesgeschichte *Romeo und Julia auf dem Dorfe* aufgrund wahren Geschehens, von welchem die Zeitung im September 1847 auch in Zürich schrieb. »Im Dorfe Altsellerhausen, bei Leipzig [eingemeindet 1890, Anm. d. Verf.], liebten sich ein Jüngling von 19 Jahren und ein Mädchen von 17 Jahren, beide Kinder armer Leute, die aber in einer tödtlichen Feindschaft lebten, und nicht in eine Vereinigung des Paares willigen wollten. Am 15. August begaben sich die Verliebten in eine Wirthschaft, wo sich arme Leute vergnügten, tanzten daselbst bis Nachts 1 Uhr, und entfernten sich hierauf. Am Morgen fand man die Leichen beider Liebenden auf dem Felde liegen; sie hatten sich durch den Kopf geschossen.« Eine der Liebesgeschichten des Jahrhunderts.

Überhaupt zeigen Sachsen große Gefühle und wissen, sie auszudrücken. Die Liebe Robert Schumanns zu Clara Wieck inspirierte nicht nur in ihren Briefen. »Mein holdes, geliebtes Mädchen, nun setze Dich zu mir, lege Deinen Kopf ein wenig auf die rechte Seite, wo Du so lieb aussiehst, und lasse Dir manches erzählen. So glücklich bin ich seit einiger Zeit, wie fast nie vorher. Es muß Dir ein schönes

Bewußtsein sein, einen Menschen, den jahrelang die fürchterlichsten Gedanken zernagen, der mit einer Meisterschaft die schwarzen Seiten aller Dinge herauszufinden wußte, vor der er jetzt selbst erschrickt, der das Leben wie einen Heller hätte wegwerfen mögen, daß Du diesen dem hellen frohen Tag wiedergegeben hast.« In Leipzig war die Verbindung der beiden lästerliches Stadtgespräch, da Claras Vater die Ehe unterband und Robert sich auch dem eigenen Geschlecht zugewendet hatte. Die Liebenden fühlten sich verraten und klagten: »Wir sind nicht gemeint, deshalb von unserem gefaßten und für recht und gut erkannten Entschlusse abzugehen, und nahen uns daher dem Königl. Hohen Appellationsgericht mit der ergebensten Bitte, Hochdasselbe wolle gedachten Herrn Friedrich Wieck zur Erteilung seiner väterlichen Zustimmung zu unserem ehelichen Bündnisse veranlassen oder dieselbe nach Befinden anstatt seiner uns zu erteilen hochgeneigtest geruhen.« Der Vater verließ die Messestadt und kam nie wieder. Der Schumanns Ehe ward vollzogen, wie glücklich sie gewesen, unterliegt der Interpretation.

Auch Herrscher hinterließen Sachsen legendäre Zweierbeziehungen. August des Starken Affären diskutierte ganz Europa. Das Schicksal der Reichsgräfin von Cosel berührt auch heute. Dass er dem Lande 354 Kinder schenkte, ist böswilliges Gerücht der Schwägerin.

Die schöne Louise von Österreich-Toskana ließ ihren König 1902 im Schlosse einfach sitzen. »Alle waren sie erfüllt wie wir von dem entsetzlichen Skandale am sächsischen Hofe, der wirklich an Widerlichkeit seinesgleichen sucht! Fünf Kinder, einen Mann, einen Thron zurückzulassen, um mit 32 Jahren, in der Hoffnung von dem Hauslehrer eben dieser Kinder, durchzugehen – es ist geradezu entsetzlich!«

Als Gegenbeispiele können gelten: König Albert und Gattin Carola oder das Kurfürstenpaar Vater August mit Mutter Anna (16. Jahrhundert).

Die Gattung sentimentaler deutscher Liebesromane sorgte 1764 über Sachsen hinaus für einen Skandal. Der Schönefelder (bei Leipzig, eingemeindet 1915) Autor Moritz August von Thümmel (*1738; †1817) hatte die Erzählung *Wilhelmine oder der vermählte Pedant* verfasst, in der Martin Luther höchstpersönlich Ehen in feuchten Träumen stiftet. (In zweiter Auflage war's dann Amor.)

Ernst Keils (*1816; †1878) Familienzeitschrift *Die Gartenlaube* wird bis heute zu unrecht als rührselige Kitschpostille verspottet. Auch wenn die Radebeulerin Wilhelmine Heimburg (eigentlich: Emilie Wilhelmine Bertha Behrens; *1848; †1912) arge Schnulzen fabrizierte, die Titel wie *Lumpenmüllers Lieschen* (1878), *Herzenskrisen* (1887) oder *Trotzige Herzen* (1897) trugen.

Hedwig Courths-Mahler (eigentlich: Ernestine Mahler; *1867; †1950) brachte den Liebesroman in neue (Auflagen-)Höhen, sie hatte in Leipzig zu schreiben begonnen und gilt bis heute als meistverkaufte Schriftstellerin des Landes. Helmut Richter (*1933, wh. Leipzig) verfasste den DDR-Liebesklassiker *Über sieben Brücken musst du gehn* (1974) und ließ ihn in einem Braunkohlekraftwerk Mitteldeutschlands spielen. In der *Unvollendeten Geschichte* (1979) Volker Brauns (*1939 in Dresden) zweifelt eine Funktionärstochter am Sozialismus, nicht an ihrer Liebe.

Im Werk von Roswitha Geppert, Susan Hastings, Tine Schulze-Gerlach, Klaus Funke, Erich Loest und vielen anderen mehr findet die geneigte Leserschaft auch die Geschichten mit den ganz großen Gefühlen.

Und doch hat Gottfried Keller recht: »Diese Geschichte zu erzählen, würde eine müßige Nachahmung sein, wenn sie nicht auf einem wirklichen Vorfall beruhte.«

Die unerfüllte Liebe des Ernst Herold ist bislang keine Literatur geworden, doch böte sie den Stoff für eine Novelle unter dem Titel *Werthers Leiden in Radeburg*. In selbiger Stadt findet man den Heroldstein, der an den jungen Mann erinnert: »Dem Ernst Herold, dem geliebten Sohn und einzigen Kinde vom unglücklichen Vater Moritz Herold, Doctor der Medizin und Philosophie und Professor für Zoologie zu Marburg in Kurhessen, errichtet.« Ein bisschen ist der Gedenkstein Obelisk, ein bisschen Postmeilensäule, ein bisschen Grabmal. Die Schrift heute verwittert, kaum lesbar. »Hier fiel durch eigene Hand vom Zweifel getrieben am 29. Januar 1852 nachmittags zwischen 2 und 3 Uhr Ernst Herold, Kandidat der Medizin, geboren zu Marburg in Kurhessen am 20. Juni 1824. Einer der Edelsten und Hoffnungsvollsten als Mensch.« Der Vater setzte den Stein. Der Sohn hatte sich aus unglücklicher Liebe an dieser Stelle selber entleibt. Monate zuvor war dem Studenten eine schöne Maid aus dem Sachsenlande begegnet. In den Tagen der Leidenschaft und des Glücks schwor sich das Paar ewige Liebe. Das Mädchen aber reiste zurück in die Heimat, und in Radeberg lernte sie einen anderen kennen. Die Hochzeit mit ihm wurde beschlossen, der Termin festgesetzt. Das kam Ernst in Marburg zu Ohren, er sah seine Liebe und die gemeinsame Zukunft schwinden. Er sprang aufs Stahlross und reiste auf schnellstem Wege nach Sachsen, um die Vermählung mit seinem »Nein!« in der Kirche noch zu verhindern. In Dresden fragte der Liebeskranke nach dem Weg und wie er dahin käme. Die Befragten schickten den jungen Mann nach Radeburg, wo die Hochzeit der verehrten Dame nicht stattfand. Das »U« statt des »E« hatte Ernst zum falschen Orte geführt. Als Ernst den Fehler erkannte, war die Trauung in Radeberg längst vollzogen. Da griff der Jüngling zur mitgebrachten Pistole. »Wanderer! Der du hier weilst, o hemme nicht die Tränen, aber kein richtender Laut hebe die zweifelnde Brust. Ernst ist des Menschen Geschick, ihnen bleichen die Blüthen der Jugend, und was geschehen im Wahn, nie sei es vom Wahne verdammt.« Zu finden ist auch sein Grab: »Ernst Herold liegt begraben zu Dresden auf der Stadt nächsten gelegenen Abteilung des weiten Kirchhofs gleich links vom großen Eingangsthor bezeichnet in der achtzehnten Reihe vom Wege an das sechste Grab mit einem Monument die Ruhestätte des Unglücklichen.«

ⓘ Heroldstein: Am Heroldstein, 01471 Radeburg

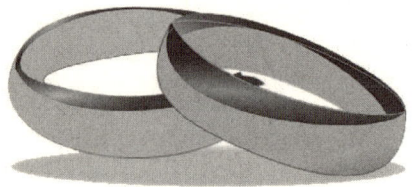

Die Legende vom eingemauerten Pfarrer

Weh mir, was muss ich erdulden? Welche heftige Qual steht durch das Schicksal mir bevor? Ich seh' eine Zeit, in der sich die Welt rasend ihrem Ende nähert; wo Jung und Alt um mich herum in Scharen dahinsterben. Kein sicherer Ort bleibt mehr, kein Hafen tut sich mir auf. Es gibt, so scheint es, keine Hoffnung auf die ersehnte Rettung. Unzählige Leichenzüge seh' ich nur, wohin ich die Augen wende, und sie verwirren meinen Blick. Die Kirchen hallen von Klagen wider und sind mit Totenbahren gefüllt. Ohne Rücksicht auf ihren Stand liegen die Vornehmen tot neben dem gemeinen Volk. Die Seele denkt an ihre letzte Stunde, und auch ich muss mit meinem Ende rechnen.«

Die Pest war die große Katastrophe in Europas Geschichte, als unbarmherziger Schnitter schritt sie über das Land und raffte Tausende und Abertausende hinweg. Die Ausgemergeltheit Sachsens durch den Dreißigjährigen Krieg ließ die Krankheit umso unbarmherziger wüten. David Wieck war 1596 in Delitzsch geboren und hatte in Leipzig Theologie studiert. 1631 bewarb er sich auf die Pfarrstelle in Lissa, um seiner Vaterstadt näher zu sein. Bislang war er zweiter Pfarrer zu Waldheim gewesen. Wieck erhielt die Vakanz. Damit begannen für ihn seine großen Leidensjahre, und zwar sofort und unmittelbar. Denn bereits auf dem Wege dahin fiel er in einem Walde mit seiner Frau und seinem kleinen Kinde marodierenden Soldaten in die Hände. Sie raubten ihn restlos aus und nahmen ihm auch seine beiden Kühe und das Kalb. Im nächsten

Dorf gab ihm eine Bauernfamilie Obdach und fuhr mit ihm am anderen Tage nach Leipzig. Von dort kam er am 18. August 1631 mit seiner Familie zu Fuß nach Lissa. Drei Wochen später legte die Schlacht bei Breitenfeld die Gegend in Schutt und Asche. Missliche Umstände des Amtsantritts und der Anfang eines Leidenswegs, der erst mit Wiecks Tode enden sollte!

Es war eine Zeit, in der der Pfarrer kein Gehalt bezog, sondern seine Felder selbst bewirtschaften musste. Leider war eine der vier Inventarkühe, die Wiecks verstorbener Vorgänger zurückgelassen hatte, in der Vakanzzeit verendet, und von den drei übrigen gab nur eine noch Milch. Zwei Tage später, am 20. August 1631, erfolgte seine Einführung in das Pfarramt. »Als ich, Mag. David Wieck, den elften Sonntag nach Trinitatis mein Predigtamt in St. Michael angefangen, bis ich alsbald den Sonnabend hernach von Kaiserlich-Tillischen Soldaten verfolgt, beraubt und bis nach Delitzsch verjaget worden, welche in der Kirche, Pfarrei und Schulen wie auch in allen Bauernhäusern alle Türen und Kasten aufgeschlagen und alles geplündert hatten!« Dabei hatte David Wieck in dieser Nacht noch das Glück, dass die Bande am anderen Ende des Dorfes eingedrungen war, so dass er im letzten Augenblick die eine Kuh aus dem Stall ziehen und retten konnte. Als er zwei Tage später wieder zurückkam, sah er, dass außer seiner Kuh, die er am Halfter hinter sich herführte, nur der Hahn, der zum Inventar gehörte, die Schreckensnacht überstanden hatte. Nur die vier Wände seines Pfarrhauses waren erhalten geblieben! Noch ärger aber war, dass in der gleichen Nacht das Dorf restlos in Flammen aufgegangen war.

Einen Eindruck von den Jahren, die danach kamen, vermittelt die Eintragung seines Nachfolgers im Kirchenbuch. »Den vierten Advent 1637 habe ich, Andreas Prätorius, mein Pfarramt auf St. Michael angefangen, wo ich eine ganz leere und ausgeräumte Pfarre gefunden. Ich habe wegen des verderblichen Kriegswesens, steten Ausreißens, verderbten Eingepfarrten mit den Meinigen große Armut leiden müssen, weil keiner dem anderen mit einem Bissen Brot hat aushelfen können. Denn was der Krieg und die Pest nicht fertig gemacht hatten, ist nachmals durch die teure Zeit, die Mißjahre und die Mäuse, so alles Getreide hinweggefressen und wo ja noch etwas von Feldfrüchten erbauet und den Mäusen aus den Zähnen gerissen wurde, das nahmen sich die plündernden Soldaten voll und hinweg. So dann leicht zu ermessen, daß man in keinem Rosengarten gesessen habe!«

Dazu kam die furchtbare Pest, die im Jahre 1637 nun auch in Lissa Einzug gehalten hatte. In noch nicht ganz drei Juniwochen hatte Magister David Wieck in seiner Gemeinde von etwa 400 Seelen 42 Personen zu begraben, die an der Pest gestorben waren.

Wie schwer war es einem Prediger gewesen, diesen halbverhungerten und verzweifelten Menschen, die vor Angst und Entsetzen wie von Sinnen waren, Gottes Wort zu sagen. Es kam dahin, dass die Nachbarn in den eingepfarrten Dörfern sich weigerten, die Pestleichen auf den Friedhof nach St. Michael zu bringen. So wurden die Leichen irgendwo vor dem Dorfe verscharrt, ohne dass der Pfarrer davon erfuhr. So er auf sie stieß, sammelte David Wieck selbst die Leichen und begrub sie. »Einen Bettler am Teich, eine arme Magd in einem Getreidefelde, zwei kleine Kinder in einem Sacke auf dem Friedhof, einen alten Mann begraben. Alle peste!« David Wiecks Amtsbruder im Nachbarort Kyhna, der im August 1637 an der Pest starb, notierte, dass die Leute ihm die Türe vor der

Nase zuschlugen und mit Steinen nach ihm warfen oder kreischend davonstieben, wenn sie ihn ankommen sahen. Auch Lissas Gemeindemitglieder mieden jede Berührung mit ihrem Pfarrer. Nur seine Frau und ein alter Tagelöhner standen David Wieck bei der traurigen Arbeit noch zur Seite.

So kam der 21. Juni 1637 heran. Schon am Morgen hatte sich David Wieck nicht wohlgefühlt. Doch hatte er dies seinen Lieben zunächst verheimlicht. Am Abend des Tages aber ging er, ohne seiner Frau auch nur ein Wort zu sagen, in den Pferdestall, der zu ebener Erde neben der Wohnung lag. Pferde gab es hier längst nicht mehr. Dort begann er, mit Steinen sich selbst einzumauern. Nur eine kleine Luke ließ er zur Reichung des Essens. Drinnen legte er sich, nachdem er die letzten Lücken verschmiert hatte, auf sein Bündel Stroh dicht vor der Luke nieder. Am anderen Morgen wusste er, dass er die Pest in ihrer schlimmsten Form, die sogenannte Beulenpest, hatte. Ein Zweifel daran war nicht mehr möglich. Er fühlte die schwarzen Beulen, die von Stunde zu Stunde immer größer und schmerzhafter wurden, an seinem eigenen Leibe, und er wusste genau, was das zu bedeuten hatte. Durch die kleine Luke ließ er sich von seiner Frau zu trinken geben. Am anderen Tage bat er sie, Tinte und Papier zu holen und seinen letzten Willen aufzusetzen. Der ist – beschädigt – erhalten geblieben: »... [un]sere Kinder und dich [befehle ich der] Gnade des [barmherzi]gen Gottes. Bleibe nicht in St. Michael, [sondern ziehe zu den] Eltern nach Delitzsch. Dort bist du [sicherer] ... Wenn du kannst, begrabe [mich in Delitzsch]. Mit dem Totengräber habe ich ge[sprochen]. [Bitte den Herr] Superintendenten, daß er die Be[erdigung übernimmt und] die Gebühr erläßt. [Als Text soll er nehmen: Psalm] 4, Vers 9:

Ich liege und [schlafe ganz mit Frieden], denn alleine du, Herr, hilfst mir, daß ich sicher wohne.«

Spuren von David Wieck existieren heute keine, außer einem Eintrag im Kirchenbuch. Auf Nachfrage im Gemeindehaus Lissa kann man des Pferdestalls noch ansichtig werden.

ⓘ Ev. Pfarrkirche St. Michael Lissa: 04509 Wiedemar/OT Lissa

Legenden vom Huf an der Nikolaikirche

1.

ier ist irgendetwas Unbegreifliches geschehen.« Leipzig ist die Nikolaikirche wert, denn sie gilt der Stadt als ältestes (Gottes-)Haus. Namensgeber Nikolaus von Myra verweist auf Leipzigs Geschichte: Er gilt als Schutzheiliger der Kauf- und Fuhrleute und Händler (aber auch der Diebe und Prostituierten). Bereits vor Stadtgründung soll ein Kirchlein an jenem Orte gestanden haben. Der romanische Ursprung ist sichtbar. Umgebaut wurde im 15. Jahrhundert zur dreischiffigen gotischen Hallenkirche. Ein dritter Turm kam hinzu.

Martin Luther stand auf der Kanzel. Johann Sebastian Bachs Werke wie die *Johannespassion* (1724) und das *Weihnachtsoratorium* (1735) erlebten hier ihre Uraufführungen. Im ideologischen Wandel von Aufklärung und Französischer Revolution gestaltete Johann Dauthe (*1746; †1816) den Innenraum neu. Goethes Zeichenlehrer Johann Friedrich Oeser (*1751; †1791) schuf die Wand- und Deckengemälde. Friedrich Ladegast (*1818; †1905) baute 1862 die größte Orgel Mitteldeutschlands dem Altar gegenüber. Mit Unterstützung von »Porsche« wurde sie restauriert und neu designt. Wie der Fahrer bei »Porsche« startet, zieht der Organist die 103 Register hier links.

Zur Völkerschlacht war die Kirche das einzige öffentliche Gebäude, das in der Stadt noch öffentlich nutzbar war. Alles andere war Lazarett. Weltaufmerksamkeit erlangte Leipzigs

Nikolaikirche in den Tagen des Herbstes '89. Diese friedliche Revolution ging aus den von Pfarrer Christian Führer 1982 initiierten Friedensgebeten hervor. »Die Rolle, die die Bergpredigt von Jesus in dieser Revolution gespielt hat, dass eine Revolution aus der Kirche kam, dass sie überhaupt was mit Kirche zu tun hat, das ist ja total ungewöhnlich!« Erich Loest benannte seinen Roman ums Wendegeschehen *Nikolaikirche* (1995). Verfilmt von Frank Beyer im selben Jahr mit Rolf Ludwig, Ulrich Mühe, Barbara Auer, Annemone Haase, Otto Sander, Daniel Minetti, Peter Sodann: »Mit allem hatten wir gerechnet, nur nicht mit Kerzen und Gebeten.« Welch Fügung: Aus dem Altgriechischen wäre Nikólaos mit »Sieg des Volkes« zu übersetzen.

2.

Versteckt an der Rückfront der Kirche ist in der Mauer ein blindes Fenster, und hinter einem geschmiedeten Kreuz erkennt man ein schwarzübermaltes Hufeisen mit Loch, das wohl kein Rost gefressen hat. Auch damit schrieb die Nikolaikirche große Geschichte.

Als an die Stadt Leipzig (Ersterwähnung: 1015; Gründungsjahr: 1165) noch niemand dachte, lebten allhier fleißige Bauern, die sich von Ackerbau und Viehzucht ernährten. Und am Zusammenfluss von Parthe und Elster (in der Nähe des heutigen Zoos) stand ein schönes Schloss, worin, ganz wie es sich gehört, ein sehr gerechter und netter König residierte. Der nannte neben einer schönen Gattin eine wunderschöne Tochter sein Eigen.

Aller Leben hätte angenehm sein können, doch im Auwald hauste dazumalen ein Drache, den sie aufgrund hiesiger Vegetation »Lindwurm« benannten. Der lehrte die Bauern richtig das Fürchten. Ohne Vorhersage überfiel er deren

Weiden und Höfe und fraß alles Lebende samt den Menschen hinweg. Natürlich missfiel dies den Bewohnern, sie ergriffen Messer, Schwert, Degen und Beil und rückten damit dem Untier zu Leibe. Doch ein Drache trägt von Natur aus einen sehr festen Panzer, so er überhaupt den Feind an seine nackte Haut ranlässt.

Das böse Vieh also blieb leben, und man verlegte sich aufs Verhandeln, worauf sich das Volk der Sachsen versteht. Der gefräßige Lindwurm war ob solchen Mutes beeindruckt und zeigte Einsicht. Er verlangte nur, ordentlich was zu fressen zu kriegen. Zwei Kühe oder Schweine am Tag wären Ration. Aber nicht, dass man ihm Hühner oder Mäuse vorsetze, solche Kleinigkeiten können einen Drachenmagen natürlich nicht sättigen. Also trieben die Bauern ihr Milch- und Borstenvieh, gar Wollschafe und Reitpferde, zu ihm hin und in sein Maul und waren bald ohne. Doch verlangte das Untier nach immer mehr Nahrung. Es blieb den Bauern nichts weiter übrig, als ihm Menschen zum Fraß vorzuwerfen. (Sachsen wissen und Bücher berichten, die seien nicht nur Drachen bekömmlich.)

Demokratisch wurden unter der Bevölkerung Lose verteilt. Jeder, egal welches Ansehen oder welche Stellung er besaß, nahm daran teil. Das Los traf, man hat es geahnt, die Prinzessin. Sie musste sich fügen. Und justament, genau als man die schöne Jungfrau zur Mahlzeit führte, ritt heran auf hohem Ross der Heilige Georg. Der wusste Rettung, denn er kannte die verwundbare Stelle des bösen Viehs und erlegte es mit langer Lanze durchs offene Maul.

Lindwurm verendet, Volk glücklich. Natürlich auch Vater und Tochter. Und der König befragte den Teufelskerl, was er denn für seine Heldentat zum Lohne begehre. Als Heiliger lehnte der Georg Land und Maid ab. Das wollte sich der König nicht gefallen lassen, er wiederholte die Frage.

Georg antwortete, ob es in des Königs Wohlwollen wohl läge, das kaputte Hufeisen vom Hinterlauf seines Rosses durch ein neues ersetzen zu lassen. Das gab mit Freuden der König in Auftrag, der Hufschmied brachte es unters Tier. Georg ritt im Galopp mit seinem neuen Eisen von dannen. War der Held schon entschwunden, war doch das kaputte Hufeisen vorhanden. Das nahm der König auf und ließ es zum Angedächtnis an diese unerschrockene Tat dieses Helden an der Nikolaikirche anbringen. Dort ist es noch heute zu schauen, gar zu betasten, damit man sich von der Wahrheit dieses Geschehens auch überzeuge.

3.

Eine Messestadt, wie jede andere Ansiedlung, benötigt für die Existenz und öffentliches Leben neben Handel, Verwaltung und Bildung Handwerker aller Spezialisierung. Die schlossen sich ehedem zu Zünften zusammen und ließen sich nah beieinander auch nieder. Straßennamen künden noch immer in Leipzigs Zentrum davon: Schuhmacher-, Fleischer-, Sporer- oder Böttchergässchen. Auch Hufschmiede und Schmiede schürten in der Stadt ihre Feuer. Und so erzählt man, es habe einen gegeben, der ausgesprochen gute Qualität fertigte und darob viele Aufträge bekam. Auch tat der Schmied in seinem Gewerke Nachwuchs ausbilden, und wer bei ihm lernte, war über die Stadtgrenzen hinaus gut angesehen. Des Meisters Gesellen galten selbst als Meister des Schmiedehandwerks.

Diesem Schmied war eine wunderhübsche Tochter geschenkt worden, die bereits als Kind allen im Haus das Herz gerührt hatte. Mehr noch: Als Jungfer bezauberte sie alle, die ihr begegneten. Da blieb es nicht aus, dass sich eine große Anzahl von Jünglingen (und auch Alten) in sie verliebte. Aber nur einem konnte sie ihr Herz schenken: Das war ein stattlicher junger Mann, der beim Vater das Handwerk erlernte. Natürlich schworen sie sich ewige Treue. Die Liaison war aber alsbald dem alten Schmied hinterbracht, und der hatte mit seinem Töchterchen ganz andere Pläne. Bei ihrer Grazie, ihrer Anmut und ihrem Wesen konnten viel vorteilhaftere Familienbande geknüpft werden. Einem armen Schmiedegesellen wollte der Meister sein Töchterchen nicht überlassen, also sprach er seinem besten Gesellen die Kündigung aus. Der Verliebte musste Leipzig verlassen. Des Schmieds Tochter weinte bitterlich und barmte und hatte ihr Lebensglück wohl verloren. Doch alles rührte den Alten das Herz nicht, er sah nur seinen Vorteil. Der junge Mann fand schnell im Altenburgischen Anstellung und hielt Kontakt zu seiner Liebe. Des Geliebten Briefe waren der einzige Lichtblick im Elend der Tochter, sie barg sie an ihrem Busen und las sie wohl nächtelang immer wieder. Eines Abends, es war schon fast dunkel, klapperte und schepperte es vor dem Fenster des Mädchens. Ein Fuhrmann machte sich auffällig am Geschirr seiner Pferde zu schaffen. Als sie hinuntersah, winkte er ihr. Sie eilte hinab. Ohne Aufsehen oder vom Geschirr abzulassen, bestellte er Grüße vom jungen Schmied, und der schmiede am gemeinsamen Glück. Sie solle beim nächsten Vollmond um Mitternacht an der Stadtmauer des Klostergartens bereit sein. Über die gute Nachricht vermochte das Mädchen ihr Glück nicht bei sich zu halten, es quoll förmlich aus ihr heraus, und sie schrie vor lauter Freude. Der Fuhrmann musste sie zu sofortiger Stille und absoluter Verschwiegenheit mahnen. Dann setzte er sich auf seinen Kutschbock und fuhr ohne weitere Worte davon.

Die Tage wurden ihr endlos, sie konnte kaum ihre Arbeit verrichten. Der Vater schaute schon, als ob er etwas ahne.

Dann erschien der Vollmond und erhellte den Himmel. Sie hatte ihre Sachen schon lange gepackt und ging an jenem Abend zeitig zu Bett, auch mit der Hoffnung, dass alle im Haus sich bald zur Nachtruhe hinlegen würden. Minuten vor Mitternacht schlich sie aus ihrer Kammer hin zum Garten an der Stadtmauer. Im Dunklen harrte ihrer schon der junge Schmied. Für einen Kuss war keine Zeit. Er griff ihre Hand und das Gepäck zur sofortigen Flucht. Mit kaum hörbaren Schritten begaben sie sich hin zur Pforte, um die Stadt zu verlassen. Seinem Pferde hatte er Lappen um die Hufe gebunden, um jedes Geräusch zu vermeiden. Doch plötzlich, als sie noch auf dem Wege waren, erscholl hinter ihnen mit einem Mal ein Getöse. Sie vernahmen Rufe und lautes Getrappel. Offensichtlich war ihr Vorhaben bekannt geworden, ohne dass es ausgeführt war. Da schwang sich der junge Schmied auf sein Pferd, zog die Geliebte mit Kraft zu sich hinauf und trat dem Ross in die Flanken. Der Schmerz seiner Sporen ließ das Pferd schnauben. Es bäumte sich auf. Und in wildem Galopp ritten sie der Stadtmauer zu. Er raffte die Zügel und zwang somit sein Ross zu einem gewaltigen Sprung. Und so setzten sie über die Mauer und landeten glücklich dahinter und ritten in vollem Galopp schnell davon. Dabei allerdings hat das Pferd ein Eisen von seinen vier Hufen verloren. Bewohner fanden es am anderen Morgen und staunten nicht schlecht ob seiner Größe. Noch mehr staunten sie, als sie erfuhren, warum es da lag. So nahmen sie's auf und hängten es an die Nikolaikirche als Zeichen von wahrer Liebe und ewiger Treue.

Und sie fehlten nicht: Denn aus dem jungen Schmied ist ein anerkannter Meister geworden. Sie wurde Mutter einer stattlichen Schar lieber Kinder und half ihm im Geschäft. Der Alte soll ihnen späterhin verziehen haben. Doch über sein weiteres Schicksal ist nichts bekannt.

4.

»Was hat die Welt zu geben je, damit ein bittres Leid ver-
geh.« Das Mittelalter war blutig, dreckig und stank. In
Sachsen herrschte Minnesänger Heinrich der Erlauchte
(*1215; †1288). Doch sein erstgeborener Sohn Albrecht
(*1240; †1314) machte ihm das Regieren zur Qual, Heinrich musste sein Erbe vorzeitig teilen. Der Vater behielt sich
die Lausitz und die Mark Meißen, Albrecht bekam Thü-
ringen und Sachsen und sein Bruder, Dietrich der Weise
oder Fette (*1242; †1285), Landsberg und das Osterland.
Albrecht benannte man alsbald Albrecht der Entartete, was
auf sein Handeln schließen lässt. Er vermählte sich 1254
mit Staufertochter Margaretha (*1237; †1270), was seine Macht und seinen Einfluss noch stärkte. Margaretha
gebar fünf Kinder: Heinrich, Friedrich, Diezmann (oder
Dietrich), Margareta d. J. und Agnes. Die Familie schien
intakt. Doch im Tross von Margarethas Hoffräuleins befand sich Kunigunde von Eisenberg (*1245; †1286), deren
Charme und Schönheit Fürst Albrecht erlag. Diese Liebe
verleitete den Fürsten sogar zu dem Plane, seine Gemahlin
heimlich ermorden zu lassen. Margaretha jedoch überlebte
den Giftanschlag und floh. Vater Albrecht aber übertrug
nun Abscheu und Hass gegen die Gattin auf seine eigenen
Kinder.

Andererseits war der Weg für ihn frei, seine Liebe zu ehelichen. Ihm und Kunigunde wurde ein Sohn geboren: Apitz
(*1270; † nach 1301). Seine beiden aus erster Ehe verbliebenen Söhne, Friedrich (*1257; †1323) und Diezmann
(*1260; †1307), wollte jedoch Albrecht der Entartete von
der Thronfolge ausschließen und solche auf seinen jüngs-
ten Sohn Apitz übertragen. Mehrere seiner Ritter und Vasallen sahen die Ungerechtigkeit eines solchen Verfahrens
und traten auf die Seite der beiden rechtmäßig gezeugten

Söhne. Folge: Es brach ein Krieg aus und griff auf Österreich und weitere Länder über. Man rückte mit einer großen Armee auf Friedrich und seinen Bruder los. Die Fehde forderte Diezmanns Leben. Der habe, so wird berichtet, eine Sünde gebeichtet, worauf ihm der Pfarrer als Buße befahl, in allen Leipziger Kirchen zu Gott zu beten und Abbitte zu leisten. Das tat der Markgraf und schritt nach erfolgtem Gebet von der Nikolai- zur Thomaskirche. Doch da wurde er bereits von einem gedungenen Mörder verfolgt. Diezmann band sein Pferd vor der Kirchentür an und betrat das Gotteshaus. Ihm folgte der Mörder und stach Markgraf Diezmann am Heiligen Abend des Jahres 1307 in der Thomaskirche tot. Zu Grabe getragen wurde der Graf im Westteil dieses Gotteshauses. Die Grabplatte zeigt heute noch im Relief Diezmann im Ganzkörperportrait in edlem Gewande mit Schwert.

Nach vollbrachter Bluttat sprang der Mörder geschwind auf sein Ross und ritt im schnellen Galopp zum Osttor, um Häschern zu entgehen. Doch war eines der Eisen nicht mehr fest am Hufe des Pferdes befestigt und löste sich. Die Laufbewegung ließ es an die Nikolaikirche fliegen, wo es sich im Mauerwerk fest verhakte. Dort hängt es noch heute.

5.

Und der Geschichten ums Eisen existieren noch mehr in Sagen, Berichten und wissenschaftlichen Büchern. Manche behaupten, dass Diezmanns Pferd scheute, als er sich auf den Weg zur Thomaskirche begab. Doch der Graf ignorierte das Zeichen und ritt in seinen Tod. Zur Erinnerung daran befestigte man das Hufeisen an der Rückfront der Nikolaikirche.

Möglich sei auch, dass es nach dem Eindringen von Kurfürst Johann Friedrich (*1503; †1554) in die Nikolaikirche im Schmalkaldischen Krieg 1547 angebracht wurde. Doch diesen Krieg hat der Fürst verloren und zudem seine Kurwürde, es wäre das Angedenken seiner Niederlage gewesen. Und die Rationalisten bevorzugen diese Interpretation: Auf der Ritterstraße waren einst die Kutscherquartiere und Pferdeställe, und auch die Hufschmiede hatten sich dort niedergelassen. Als 1540 ihr großer Zunftmeister starb, brachte man das Eisen, um ihn zu ehren, dort an. Vielleicht aber auch sollte es ein Zeichen fürs Glück sein, für das ein Hufeisen ja bis heute steht. Dort allerdings hängt man es mit der Öffnung nach oben – damit das Glück niemals herausfällt, sondern bei einem bleibt. Wie meinte einst Pfarrer Führer: »Hier ist irgendetwas Unbegreifliches geschehen.«

ⓘ Nikolaikirche: Nikolaikirchhof 3, 04109 Leipzig

Die Legende von den beschatzten Schwestern

ls die Germanen auch die Flussgebiete von Saale, Mulde und Elster einnahmen, kämpften die slawischen Bewohner ums Land und unterlagen. So auch ein mächtiger Herrscher, der seine Burg nahe dem heutigen Kirchberg erbaut hatte. Noch bevor die feindlichen Truppen ihm nahten, vergrub der Mann all seine Schätze in des Borbergs granitnen Gestein. Dann fasste er seine drei Töchter und führte sie zu der Stelle und ließ sie schwören, dass sie niemals vom alten Glauben ablassen würden, solange sie lebten.

Die Germanen waren Christen und missionierten jene, die die heidnischen Götter verehrten. Die drei Töchter schworen und zogen in ein Gehöft unterhalb der väterlichen Burg, kein Eroberer sah ihnen Weltanschauung und verborgenen Reichtum an. Die väterliche Burg aber wurde geschleift. In ihrer Abgeschiedenheit pflegten die Schwestern und die Altgläubigen der Gegend die überkommenen Traditionen und misstrauten den neuen Machthabern tief. Heimlich gingen sie hinaus in die Wälder und huldigten ihren Gottheiten und brachten ihnen Opfer dar wie ehedem. Als christliche Mönche auf dem nahen Geiersberg ein Kloster errichteten, sahen sie vom Kirchturme aus das heidnische Treiben und eiferten: »Ihr dient dem Herrscher der Hölle! Wollt Ihr wohl unsere guten Worte und Warnungen nicht beachten, so sollt auch Ihr endgültig dem Bösen verfallen. Wir sprechen den Bann über Euch! Fried- und freudlos sollt Ihr euer Leben fortan fristen und nicht eh wieder lachen, als bis es Euch gelingt, ein

Christenkind innig zu herzen und abzuküssen, welches man aus diesem Walde hinaus nach St. Margarethen in Kirchberg trägt.«

Wie Rom auf sieben Hügeln wurde Kirchberg auf sieben Bergen am Westrand des Erzgebirges erbaut. Der legendärste dieser Berge ist besagter Borberg (434,6 Meter über NN). Und bis heute gibt er zu allerlei Spekulationen den Anlass. Naheliegend erscheint, dass sein Name sich von einer auf ihm befindlichen Burg herleitet. Und tatsächlich hat ja der drei Töchter Vater auf diesem Berge auch eine solche besessen. Aber allen sprachwissenschaftlichen Regeln zuwider läuft eine Verschleifung von »Burg« zum jetzigen »Bor«. Dass die Erhebung tatsächlich als »Burg(k)berg« verzeichnet wurde, ist der Volksetymologie zu verdanken. Auch als »Burch-«, »Borch-«, »Bohl-«/»Pohl-« oder »Bohrberg« findet er sich. Heute nennt und schreibt man ihn »Borberg«. Wahrscheinlich liegt eine Verschleifung aus »Bog« – slawisch »Gott« – vor. Der »Bielebog« (der weiße/lichte) und der »Tschernobog« (der schwarze) sind tradierte slawische Gottheiten (vergleich: Czorneboh und Bieleboh in der Lausitz).

Möglich ist es, dass der gutgeformte granitne Kegel einst als Opferstätte genutzt wurde. Seit je nutzen ihn Kirchbergs Bewohner als Ausflugsziel. So wurde bereits 1882 auf seiner Kuppe der König-Albert-Turm errichtet, den eine einzige Granate 1945 zerstörte. Die junge Republik baute einen neuen und ließ ihn (fast) verfallen, 2006 wurde saniert. Die Kirchberger Sektion des Erzgebirgsvereins, die schon den Turmbau initiierte und (Aus-)Ruhebänke hinstellen ließ, übernahm 1938 den Neubau der Borbergwirtschaft. Am 21. Dezember eröffnete das *Anton-Günther-Berghaus* und gedenkt seitdem in Gastraum und Hutznstub des Heimatdichters. »E bissel Sonneschein, e bissel Regn, / dos brengt erscht Nutzen ei, dos brengt erscht Segn. / E bissel Fröhligkeit, e

bissel Laad, / dos gibt en ganzen Laabn erscht's rachte Klaad!«
Und wahrlich zeigten die Verwünschungen der Mönche
Wirkung: Keiner mehr sprach mit den Schwestern. Sie hatten weder Rast noch Ruh, noch Gelegenheit, zu ihren Göttern zu beten. Oft brach die Jagd bei ihnen ein und zerstörte das Feld. Langsam kroch den Dreien die Reue ins Herz,
den Vater voreilig das Gelübde gegeben zu haben. Aber weder der Abt vom Geiersberg noch der Pfaffe von St. Margarethen waren bereit, den Bannfluch zu lösen. So sehr sich
die Schwestern auch mühten, den wenigen in ihre Nähe gekommenen Menschen Freundlichkeit zu erweisen, es nützte
nichts. Jahre vergingen. Ihre Not wurde größer, je älter sie
wurden. Die Zuversicht sank. Wie sollten sie je vor der Taufe in St. Margarethen ein Kind herzen und küssen, wenn sie
keinem ansichtig wurden? Die drei Schwestern waren bereit,
sämtliche Hoffnungen fahren zu lassen.
Da vernahm die Jüngste, dass des Köhlers Weib ein Kindlein
geboren, welches in St. Margarethen getauft werden sollte.
Wenn die Familie es dahin trug, würden sie um die Gefälligkeit bitten. Und so geschah es: Die Älteste trat an die Gesellschaft heran und sprach zum Vater: »Lieber, lass mich dein
Kind sehen und herzen, ihr sollt auch dafür diesen Edelstein
haben. Seht nur, wie er im Sonnenlicht glitzert und funkelt.«
Sie wendete den Stein vor seinen Augen, doch sagte der Vater: »Ich begehre deinen Stein nicht, und von meinem Kinde hältst du dich fern!« Damit gingen sie weiter. Stand mit
einem Mal die zweite Schwester vor ihnen und bat: »Guter,
erlaube, einen Augenblick lang dein Kind auf meinen Armen
zu halten. Ich will dich dafür belohnen mit diesem Goldstück.« Und sie hielt ihm selbiges vor die Nase. Der Köhler
rief: »Des Goldes wegen gebe ich meinen Kleinen nicht her.
Lass mich vorbei, wir müssen eilen, seht welches Unwetter
am Himmel da dräut.« Und so schritten sie weiter zu auf

St. Margarethen. Da erschien ihnen die dritte und sprach zur Mutter: »Glückliche, hier nimm diesen Flachswickel als Taufgeschenk an, er soll deinem Kinde, euch allen Segen bringen.« Und sie reichte den Wickel der Mutter, die ihn auch annahm. Da sprach weiter die Schwester: »Vielleicht gestattet der Vater, dass ich dem Kinde auf meinem Arme die guten Wünsche ins Ohr sagen kann?« Und da das Mädchen ihn gar zu herzlich drum bat, reichte der Vater ihr den Kleinen hin. Der Schwester war's ums Herze froh, und sie flüsterte dem Kinde wohl manches ins Ohr. Als sie es dem Vater zurückgab, drückte sie ihm einen warmen Kuss auf die Lippen. Da mahnten die Glocken von St. Margarethen. Die Familie eilte der Taufe entgegen. Die Schwestern aber schritten froh ihrem Gutshofe zu: Der böse Fluch war gelöst. Niemals mehr sollte er Macht über sie haben.

Aber der Himmel verfinsterte sich, als ob der Höllenfürst selbst erschiene. Den Borberg umtosten Stürme, die mit Gewalt Haus und Baum zerschlugen. Meterdicke Eichen brachen mittendurch, als ob sie Streichhölzer wären. Es war ein Sausen, Pfeifen und Grollen, dass einem der Mut sank. Als die bösen Wetter sich endlich gelegt, trat des Köhlers Familie von St. Margarethen aus den Heimweg an. Als sie an der Stelle angekommen waren, wo sie die Schwestern getroffen hatten, hörte der Vater seinen Namen rufen und erblickte über den Wipfeln auf einem vorspringenden Fels ihre Gesichter: »Lieber Köhler, hab Dank, dass du uns aus langer Drangsal und Not hast gerettet, wir wollen dir's lohnen mit dem Schatz unseres Vaters.« Doch die Taufgesellschaft schlug's Kreuz und eilte davon, zu groß war die Angst, die sie durchlebt.

Am nächsten Morgen reute dem Köhler seine schnelle Entscheidung. Er brach auf, um dem Schatz der Schwestern doch noch habhaftig zu werden. Als er an ihrem Gehöft stund, war's leer und verlassen, die Schwestern hinfort. Da legte der Mann sich traurig ins Gras und rief nach den guten Frauen fast weinend. Aber es erschien ihm nur ein kleines, graues Männlein mit weißem Bart: »Warum störst du die Ruhe der Schwestern, die noch kaum hat begonnen? Warum lohntest du ihr Vertrauen mit deinem nicht? So hast du dein Glück einfach verscherzt. Aber deinem Sohne wollen sie's geben, sobald achtzehn Sommer vergangen. Lass sie schlafen, die Damen, bei ihren Schätzen, wenn sie erwachen und ihnen dann ein Menschenkind über den Weg läuft, sie wollen's beschenken mit wertvollem Gut.« An des Köhlers Jungen ist's Wahrheit geworden. Und an manch anderem auch. In den Nächten der Sommer- und Wintersonnenwende sollen die Drei auf dem Borberg erscheinen. Aber sie geben nur dem, der Gnade vor ihnen findet.

ⓘ Borbergwirtschaft: Borbergweg 10, 08107 Kirchberg

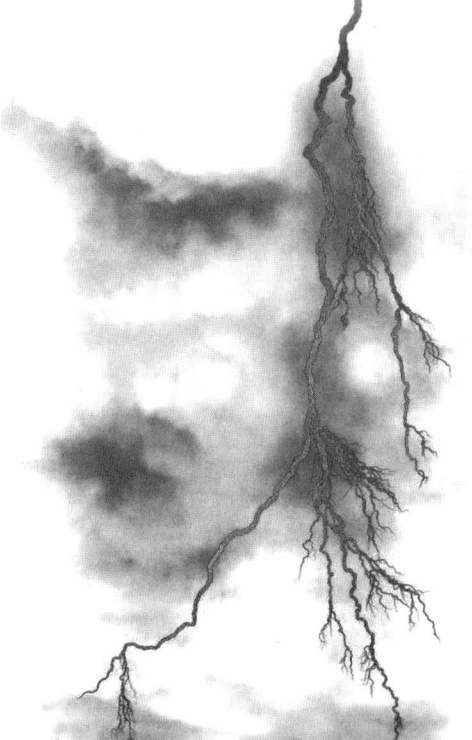

Legenden von den Wasserweibern bei Strehla

In den meisten Fällen ruft schon eine erste Begegnung mit einer Nixe großes Interesse für dieses romantische und gar etwas rätselhafte Wasservölkchen hervor. Ob diese Begegnung nun beim stimmungsvollen Vollmond stattfindet und sich der Entdecker an den perlenden Koloraturen einer trällernden Nymphomanin begeistert oder aber in der gleißenden Mittagsglut eines sonnigen Tages, in der der Naturfreund auf eine Schönhaarige trifft, die sich hingebungsvoll die goldblonden Locken striegelt – stets hinterlässt die Nixe einen unauslöschlichen Eindruck.« Nicht selten ist es der letzte. Denn der Beobachter wird vom Wasserwesen oft mit in die Tiefe gezogen.

Auch wenn es männliche Exemplare davon geben soll, bekannt geworden sind vor allem Nixen als männermordende Geister. Sie wachen über Quellen, Bäche, Flüsse, Sümpfe, Teiche, Seen, gar Meere. Seit dem Mittelalter ist ihre Existenz wörtlich belegt: *nihhus, niccus, nichessa*. Der Name leitet sich vom lateinischen *necare* (»töten«) her. Und gefährlich ist die Spezies allemal: Charakteristisch für die weibliche Gestalt sind der frauliche Oberkörper und der fischschwänzige Unterleib. Da heißt es: Augen auf und auf jeden Schritt achten! Jeder Fehltritt kann das Lebensende bedeuten. Und auch für die ganz Kleinen im Kinderwagen ist es gefährlich: So gilt es, in der Nähe solcher Feuchtgebiete nie solch Gefährt unbeaufsichtigt stehen zu lassen! Denn Nixensitte ist es, das Menschenkind mit einem Wechselbalg der eignen Sippe zu vertauschen. Einzig hilfreich dagegen: ein Gesangbuch neben das Baby legen! Auch in Sachsen trifft man auf diese todbringenden Nejaden an vielen Orten – am Taurastein, im Brettmühlenteich, am Falkenhainer Bach, auf der Nixeninsel im Rossendorfer Teich.

Kein Gesangbuch nützt allerdings, wenn die Nixen im Meer oder an großen deutschen Strömen sitzen und trällern. »Weia! Waga! Woge, du Welle! / walle zur Wiege! Wagalaweia! / Wallala weiala weia!« Überregional tönen so auf den Opernbühnen die Rheintöchter Wellgunde, Woglinde und Flosshilde in Richard Wagners (*1813 in Leipzig; †1883 in Venedig) *Ring des Nibelungen*. Als bekannteste deutsche Wassernixe gilt die Loreley, die ebenfalls am Rhein, auf steilem Felsen ihr güldenes Haar kämmt und beim Frisieren schön singt: »Den Schiffer im kleinen Schiffe / ergreift es mit wildem Weh; / er schaut nicht die Felsenriffe, / er schaut nur hinauf in die Höh'. Ich glaube, die Wellen verschlingen / am Ende Schiffer und Kahn.« Der Aufblick ist tödlich. Und auch am Elbestrom heißt es da: Vorsicht!

Am Elbkilometer 115 liegt Strehla, und da ist am Ufer ein Felsen gelegen, der ungefähr 16 Ellen in den Strom hineingeht und gegen 180 Ellen im Umfang besitzt. Man nennt ihn den »Nixstein«. Denn die Chronik behauptet, dass mindestens ein Mensch alljährlich an dieser Stelle ertrinkt und mehrere Boote zerschellen. Auch sieht man hier des Öfteren Wäsche auf eine Leine zum Trocknen gehängt, die gewöhnlich Wasserfrauen am Leibe tragen. Manchmal jedoch hockt eine Person auf dem Stein, die flickt Kleidung und Schuhe. Kommt ihr jedoch jemand zu nahe, verschwindet sie, als ob sie nie dagewesen wäre. Und Leute berichten, dass an manchen Tagen eine Frau im Orte erscheint, deren Kleid auf dem Boden eine nasse Spur hinterlässt. Die Frau kauft in Strehla ein, Lebensmittel und Hausrat, und geht dann aus dem Laden. Keiner hat je gesehen, wohin.

Aber mehr noch vom Nixstein: Anfang des 17. Jahrhunderts erschien ein stattlicher Mann bei der Wehmutter (Hebamme) Strehlas und nötigte sie, ihm zu folgen. Als sich die Frau dem verweigern wollte, versicherte er, dass ihr nichts Böses geschähe. Wie sie nun am Nixstein ankamen, schlug der Mann mit einer Wünschelrute an den Fels, und derselbe öffnete sich. Ein warmes Licht drang nach außen. Der Mann fasste nun die Wehmutter bei ihrer Hand und stieg mit ihr hinab in ein reich ausgeschmücktes Gemach. Auf einer Chaiselongue lag eine kreißende Frau, die dringender Hilfe bedurfte. Die Wehmutter entband ihr ein gesundes Mädchen mit fischigem Schwanz. Daraufhin verließ der Mann das Zimmer und erschien mit einer mit Dukaten gefüllten Schale. Die bot er der Wehmutter als Löhnung, sie solle so viel daraus nehmen, wie ihr beliebe. Doch sprach die Wöchnerin zu ihr eine Warnung: »Nimm, was dir gebührt!« Und die Wehmutter nahm, was ihr als Lohn für eine Geburt zustand. Darauf trug der Mann das Geld mit den Worten wieder hinweg: »Das hat Gott dir geraten!« Darauf führte er die Wehmutter ohne Schaden wieder nach Hause. Der genommene Dukaten ist aber der Frau, so oft sie ihn ausgab, immer wieder in die Tasche zurückgekehrt.

Mehr noch vom Nixstein: Natürlich ging auch die Jugend in Strehla zum Tanze. Beliebt war der *Ratskeller*, wo der Raum groß und die Musik ausgesucht war. Eines Tages ließen zwei hübsche blonde Mädchen das Herz zweier junger Burschen schneller schlagen. Wenn sie tanzten, schwebten die Jungfern wie Elfen über den Boden. Sie schienen federleicht, und ihre weißen Gewänder umwallten ihre Körper wie Schwaden. Die Burschen fühlten ein überirdisches Vergnügen und versprachen sich mehr. Den ganzen Abend lang ließen sie die Schönen nicht aus den Armen und tanzten und tanzten, als ob es keinen Morgen mehr gäbe. Auch die Mädchen schienen von den kräftigen Burschen sehr angetan. Sie schmiegten sich an sie und gaben mit ihrem Verhalten zu den männlichen Hoffnungen Anlass. Doch als die Kapelle zum letzten Tanz aufspielte, waren die schönen Tänzerinnen verschwunden. Die Strehlaer Jünglinge waren verdutzt und setzten den Mädchen auf ihrem Heimweg wohl nach. Und sie konnten der Spur folgen: durch den Schlossgarten hin zu den Wiesen bis zum gefährlichen Ufer am Nixstein. Von da winkten die Jungfern und warfen ihre Kleidung wohl ab. Da schlugen die Kirchen des Ortes die zwölfte Stunde. Und als die Glocken verklungen, waren die Mädchen im Elbstrom verschwunden. Als die Burschen wieder im Tanzsaal erschienen und vom Erlebnis berichteten, ließen ihre Kameraden sie wissen, welches Glück sie gehabt. Knapp waren sie dem Tode entgangen! Denn genau das war der Nixen Verhalten. Und wenn die beiden Mitternacht an der Hand der Mädchen gewesen wären, wären sie mit ihnen in den Fluten untergegangen. Nur dass Nixen im Wasser zu überleben wissen. Als die Burschen endlich erkannten, in welcher Gefahr sie sich befunden hatten, gaben sie allen verbliebenen Tänzern im Ratskellersaal auf ihr Glück einen aus.

Auch heute ist der Nixstein noch sichtbar. War die Stelle ehedem eine Furt, die die Elbquerung ermöglichte, wurde sie durch die Flussregulierung zum noch größeren Hindernis für die Schifffahrt. Zwei der Felsen lagen nunmehr in der Fahrrinne des Flusses oder doch nahe bei. So beschloss man im Jahr 1936, zwei der Felsen zu sprengen. Zwei Drittel des Riffs sind damit verschwunden und die Spezies der Nixen wohl auch, in den letzten Jahren wurde kein Mensch mehr solcher Wasserweiber ansichtig. Doch die Erzählungen über sie blieben. Auf dem heute noch vorhandenen Gestein glänzt eine Figur, die an sie erinnert: Silbern schim-

mert der Frauenkörper mit Fischschwanz. Und im Winde
bewegt sich die Nixe.

ⓘ Nixstein: Elbufer, 01616 Strehla

Die Legende von der Wunderblume

L öbau nennt sich gern: »Stadt am Berge«. Knapp zwei Kilometer östlich vom Stadtzentrum entfernt präsentiert sich der Gipfel des Löbauer Berges. »Je weiter der Blick, desto freier das Herz.« Um von da noch bessere Aussicht zu erhalten, errichtete man den König-Friedrich-August-Turm, eine eiserne Konstruktion nach Vorbild des Londoner Kristallpalastes. »Fürchte Gott und ehre den König.« Seit dem 57. Geburtstag des Regenten, am 18. Mai 1854, sind die 120 Stufen für jeden ersteigbar. Auch ein Wirtshaus eröffnete. Wanderziel war die knapp 450 Meter hohe Erhebung seit jeher. Archäologische Funde beweisen, bereits in der Lausitzer Kultur der Bronzezeit (~1300 v. Chr.) wurde der Gipfel als Kult- und Wohnstätte genutzt. Ein Schlackenwall umschließt fünf Hektar. Im in den Fels gebauten Keller des Osthangs wurden Sichtschlitze geschlagen, die genau die Tag- und Nachtgleiche bestimmen lassen. Und an diesem Datum begeben sich auch heute Wagemutige hinauf auf den Berg, um die Wunderblume zu pflücken.

Ein Teil des Areals auf dem Berge wird der »Kräutergarten« genannt, weil daselbst natürlich heute noch Kräuter wachsen, aber auch weil dort eine Blume aller Jubeljahre erblüht, die nirgends sonst auf der Welt ward gefunden und die kein Pflanzenbestimmungsbuch je hat beschrieben. Aber nur aller sieben Jahre (andere behaupten aller zehn, noch andere aller fünfzig) erblüht diese Blüte auf dem Löbauer Berg und auch nur eine einzige Stunde lang, und zwar von elf bis zwölf Uhr in der Johannisnacht.

Der Ratsförster konnte im Jahre 1570, als er diese Blume erstmals erblickte, ihre Herrlichkeit gar nicht genug preisen. Er fand sich wie im Paradiese und wagte aber nicht, diese Blüte zu brechen. Schlag zwölf Uhr (er war zu lange auf Jagd gewesen) zuckte ein Blitz, und alle Herrlichkeit war verschwunden, nur ein Stück schwarzen Pergaments wehte zu ihm, auf welchem mit goldener Mönchsschrift die Worte standen: »Nur einem Sterblichen reiner Seele, der zu meiner Blüte hierherkommt, gewähre ich Glück.« Mehrere Male begaben sich nun am Johannisabend Glückwillige in den Kräutergarten und suchten die Wunderblume, aber sie wurde ihnen nicht sichtbar.

Ungefähr fünfzig Jahre darauf lebte in Löbau ein wohlhabender Tischler, der eine einzige Tochter, Thekla, besaß, welche durch ihre Schönheit ebenso bekannt war wie durch ihren gemeinen Charakter. Und Thekla sprach: »Mich sollen alle beneiden, wenn ich nur erst das Glück der Wunderblume genieße!« Der Johannisabend war heran, und Thekla machte sich auf zum Berg. Unheimlich und schauerlich war's, als sie den Kräutergarten erreichte. Elf Uhr schlug's in Löbau, und wirklich verwandelte sich ein Teil der Gegend in einen herrlichen Garten, und tatsächlich entspross die Wunderblume vor ihr. Fröhlich trat Thekla näher, streckte die Hand nach ihr aus, fasste sie – aber plötzlich zuckte ein Blitz, ein furchtbarer Schlag, und die helle Nacht ward zur undurchdringbaren Finsternis geworden. Thekla sank besinnungslos nieder. Aber am nächsten Morgen: Welch ein Erwachen! Die eine Seite ihres sonst so schönen Körpers war kohlrabenschwarz. Und das blieb so. Anmut und Schönheit waren für immer dahin. Elend fühlte sich nun die Tochter des Tischlers, und die mahnenden Worte von Liebe und Bescheidenheit schwebten ihr vor der Seele – zu spät. Gegen Mittag fand man sie. Man brachte Thekla in ihr Elternhaus, wo sie nach einigen Jahren elend und einsam starb.

Im selben Hause wohnte später ein armer Schuster. Seine Frau und seine Tochter Herta teilten mit ihm Freud und Leid. Nur ein winziges Stübchen hatte er inne. Durch Näharbeit suchte die Tochter kleine Einnahmen mehr zu erzielen. Äußerer Schönheit konnte sie sich nicht rühmen, wer sie aber sah, musste sie einfach liebgewinnen. Oft betete Herta: »Ach, könnte ich meinen Eltern nur einen kleinen Teil ihrer Wohltaten an mir vergelten!« Und siehe: Gott erhörte ihre Gebete: Und so wandelte ihre hohe, schlanke Gestalt mit dem blonden Haare und den blauen Augen und dem, wenn nicht schönen, so doch anmutigen Gesichte, am Johannistage des Jahres 1670 hinaus aufs Land, um zu einer Freundin zu gehen. Hertas Weg führte am Löbauer Berge vorbei. »Ich will ihn doch einmal besteigen«, sagte sie sich, »lange bin ich nicht oben gewesen, und ich komme vor Abend immer noch an.« Und so lief Herta hinan und kam endlich an den Kräutergarten. Nun aber war sie durch den Aufstieg erschöpft und setzte sich auf einen kleinen, mit Moos bewachsenen Hügel und wendete ihr Gesicht der untergehenden Sonne zu. »O, wie herrlich bist du Sonne! Wie herrlich du Welt! Wie herrlich der Schöpfer, der so etwas zu schaffen vermag!«, rief sie und faltete ihre Hände. »Herr, viel hast du des Segens; segne und beschütze meine Eltern lange, noch lange!«

Während Herta so innig betete, entschlummerte sie. Himmlischer Friede umstrahlte ihr Antlitz, ein zufriedenes Lächeln umspielte den Mund. Die Sonne verschwand, es ward finster. Stille herrschte ringsum, und in Löbau verkündigte die Glocke die elfte Stunde. Da wurde es mit einem Mal hell, und ein Bogen wölbte sich über der Schlummernden, gleich einem Regenbogen. Dann durchtönte die stille Nacht herrliche Musik, die die liebliche Schläferin weckte. Herta richtete sich auf, nicht wissend, ob sie wache oder träume. Noch nie hatte ihr Ohr solche himmlischen Töne vernommen, noch nie ihr Auge solchen Farbenglanz geschauet, noch nie hatten lieblichere Wohlgerüche sie umgeben. Die ganze Gegend schien Paradies geworden. Blumen in nie gesehenem Glanze standen, wohin sie auch blickte. Unter allen diesen Blüten aber zeichnete sich eine besonders aus: purpurne Krone in güldener Fassung, grün mit Silberrändchen das lotosähnliche Blatt, veilchenblau der Stengel. Sie hatte der Lilie Gestalt, und wohl duftete sie. Lange saß Herta da, ohne zu wissen, was tun. Da berührten wunderliche Töne ihr Ohr, bald schienen sie aus der Luft herzukommen, bald aus dem Kelche der Blume; bald waren sie entfernter, bald nah. Sie säuselten:

Für dich blüht diese Blume,
nur du bist ihrer wert.
Drum sei zum Eigentume,
zum Lohn sie dir beschert.

Unwillkürlich ging Herta einige Schritte darauf zu, streckte ihre Hände aus, knickte die Blume und zog zugleich die Wurzeln mit einem Stück Erdreich heraus. Welch weiteres Wunder! Die Wurzeln waren von blankem Golde, und unter der aufgehobenen Erde lagen kostbare Steine und noch mehr an Gold. Ohne sich lang zu besinnen, barg sie die abgepflückte Blume an ihrem Busen, füllte ihr Körbchen mit Gold, nahm auch noch einiges in die Schürze und Edelsteine in jede Hand. Kaum war sie fertig, so kündete die Turmuhr Mitternacht. Das Paradies verschwand, und die Finsternis umlagerte den Löbauer Berg wieder. Allein die Wunderblume glänzte am Busen des Mädchens wie heller Kerzenschein. Glücklich erreichte Herta ihr Zuhause. Schnell weckte sie ihre Eltern. Sobald diese die Tür öffneten, war die Wunderblume verschwunden, und nie hat ein Mensch sie wiedergesehen. Das Gold und die Edelsteine aber verblieben, und die arme Familie war mit einem Male ganz reich.

Die wiedergegebenen Berichte beziehen sich auf die Johannisnächte der jeweils zwanziger und siebziger Jahre. Vor allem in solchen Jahren herrscht auf dem Löbauer Berg in der Nacht vom 23. auf den 24. Juni ein großes Gedränge. Auch die Protokolle der Stasi-Unterlagenbehörde verzeichneten für die Johannisnacht 1970 dort ein reges Begängnis.

ⓘ Löbauer Berg: 02708 Löbau

Die Legende vom ewigen Autor

Es gibt Geschichten, die, wenn sie nicht wahr wären, erfunden werden müssen. Legenden sind solche Spezies. Sie lassen Umgebung und Menschen anders sehen, beleben alte Mauern und Wälder, sie gestalten Wanderungen spannend. Und einer, der Legenden aufschrieb und erfand, ist sich selbst Legende, zumindest ein Rätsel. Autor Erdmann Ferwaß veröffentlicht seit dem Jahr 1836 und ist noch immer im Geschäft.

»Es ist noch gar nicht so lang vergangen, und die Alten werden sich noch daran zu erinnern wissen, da ward unsere Gegend von einer Bande schrecklicher Spitzbuben heimgesucht, die kein des Schreibens Mächtiger je hat beschrieben. So werde ich mich in die Bresche begeben und über diese gefährlichen Zeiten berichten, als sich die Bewohner des Gebirgs um Zittau nicht aus ihren Häusern gewagt.« Begonnen hat's im Jahre 1836: Da tauchte in der Beilage zum *Sächsischen Postillion* der Name Erdmann Ferwaß erstmalig auf. *Adeline und der Mordbrenner vom Berg* war eine an die klassischen Criminal-Novellen angelehnte Wilderer- und Liebesgeschichte, die auf wahrem Geschehen beruhte. In Folge erschienen weitere solcher Pitaval-Geschichten, die sich an den klassischen Vorbildern von E. T. A. Hoffmann und August Gottlieb Meißner orientierten, aber auch Bänkellieder: »Da versetzt mit scharfer Waffe / er mir einen tiefen Schnitt, / dass ich mich im Sarg aufraffe / und er eilig von mir schritt.« (*Vatermord im Herrnhuter Apfelland,*1872) Oder Gerichtsreportagen: »Das Lehrlingskollektiv der LPG Bergfrieden hat bereits Patenschaften übernommen, alle im Betrieb würden dem Kameraden sofort helfen.« (*Liebe Eltern*, 1978) Im Verlaufe der Literaturgeschichte wandelten sich auch Ferwaß' belletristischen Texte. Heute erinnern sie an Splatter-Horror, Persiflagen oder True-Crime-Stories – »Unter den am 22. Juni 2015 auf die Kamenzer Hutbergbühne geworfenen Gegenständen befand sich eine menschliche Hand. Sie war über dem Handgelenk vom Körper abgetrennt worden und danach in Formalin eingelegt. Es war die linke Hand eines Kleinkindes.« (*Die Hand des Beifalls*, 2015) Verstörend.

Verblüffend: Bis hinein in unsere Gegenwart werden unter dem Namen Erdmann Ferwaß Geschichten publiziert. Meist Unterhaltungsliteratur für breites Lesepublikum. 2017 erschien seine Kriminalerzählung *Spielplatz mit Ameisen*, die im Sujet einen Serienkiller im Lausitzer Braunkohlentagebau verortet. Überhaupt konzentrieren sich (fast) alle Veröffentlichungen unter dem Namen Ferwaß auf Ostsachsen, die Oberlausitz. So dass Experten übereinstimmend der Meinung sind, die Heimat des Autors sei in jener Gegend gelegen. Beweise dafür bleiben sie schuldig. Bis heute vermochten weder Investigativjournalisten noch Literaturwissenschaftler, das Geheimnis des Verfassers zu lüften. Das mag das öffentliche Interesse nicht befriedigen, gibt aber beredt Beispiel dafür, dass Verlage und Autoren (wie bei B. Traven, Emile Ajar oder -ky) erst spät oder gar nicht Pseudonyme mit dem Klarnamen versehen. Dass Erdmann Ferwaß als Pseudonym schnell erkennbar ist, meint Dr. Toralf Bittenbender (Boston), der die Texte von Ferwaß recherchierte und das *Oberlausitzer Criminal* (2018) wie das *Oberlausitzer Phänomenal* (2019) herausgab. »Der Vorname Erdmann ist eine Neubildung im Deutschen, erstmals im 16. Jahrhundert nachgewiesen, des gottgeschaffenen Menschen – Adam, der Mann aus Erde. Der Familienname Ferwaß könnte als eine Verschleifung der Fragewörter wer und was gedeutet werden – weise also damit bereits im Namen auf einen Unbekannt-bleiben-Wollenden hin.«

Andererseits bleibt es Rätsel, dass der Künstlername quasi vererbt wird. Wenn die erste Geschichte im Jahre 1836 erschienen und gegenwärtig der Schriftsteller unterm Namen immer noch tätig ist, müssen verschiedene Autoren (möglicherweise gar gleichzeitig) dieses Pseudonym nutzen. Und tatsächlich weisen die Werke unterschiedliche Qualität und stilistische Fertigkeit auf. Die Mutmaßungen über die Identität des Autors klaffen weit auseinander. Bei der ersten Veröffentlichung *Adeline und der Mordbrenner vom Berg* sind sich die Experten noch weitgehend einig, dass der Löbauer Verleger und Redakteur Johann Friedrich Hohlfeld (*1809; †1861) den Namen kreierte und unter ihm schrieb. Hohlfeld wollte mit seinem Verlag und seinen Erzählungen den revolutionären Geist des Vormärz fördern. Ein Vorhaben, an dem er persönlich scheiterte und das ihn in die Flucht nach Nordamerika zwang. Doch offensichtlich blieb der Phantasie-Name des Autors nach Hohlfelds Wegzug erhalten und narrte weiterhin die Strafverfolgungsbehörden. In steter Folge wurde unter diesem Pseudonym sozialkritische Prosa (seltener Gedichte) veröffentlicht. In nachrevolutionärer Zeit tritt der gesellschaftskritische Aspekt der Texte in den Hintergrund, er weicht unterhaltenden Aspekten. Es war die Zeit der illustrierten Familienzeitschriften wie *Gartenlaube* und *Daheim*, die Autoren wie E. Marlitt, Wilhelmine Heimburg oder Ludwig Ganghofer ein auskömmliches Einkommen brachten. Welcher Autor kann sich auch gegenwärtig finanziell unabhängig nennen? Er kann auf Preise und Stipendien spekulieren, oder er schreibt dem Publikumsgeschmack angepasst. Das wird Erdmann Ferwaß aus pekuniären Gründen getan haben.

Der kritische Bezug auf die gesellschaftliche Realität gewinnt in den sozialistischen Herrschaftsjahren, beginnend 1955 mit der Erzählung *Die gute tote Kuh des Bauern Hallwachs*, wieder an Bedeutung im Œvre des Autors. Einige unveröffentlichte Texte von Ferwaß aus DDR-Zeit fanden sich in Presse- und Literaturarchiven. Sozialistische Bestsellerautoren standen als deren Urheber in Rede. Mutmaßungen über Ferwaß tatsächliche Identität sind auch in dieser Zeit vielfältig: Man identifizierte ihn als parteilinientreuen Genossen bis hin zum Dissidenten der alternativen Kulturszene. Und vielleicht ist er das eine wie das andere gewesen.

Oft scheint der Autor mit seinen Lesern zu spielen und ihnen falsche Fakten als Wahrheit unterzuschieben. Ferwaß gäbe damit ein frühes und beredtes Beispiel der gegenwärtig so oft in Rede stehenden Fake-News. Die behaupteten Datierungen in manchem Text konnten nicht mit den feststehenden Fakten aus Zeitungen und mit Zeugenaussagen in Übereinstimmung gebracht werden. Auch wenn einige der geschilderten Vorkommnisse und Namen auf die Realität hindeuten – Telefonkriminalität war 1905 ein neu entstandenes Phänomen, das heute Alltag ist (*Das neue Mittel zum Betrug*, 1905). Bewiesen ist, dass es 1917 Fälschungen von Luther-Signaturen gab, aber die Geschehnisse trugen sich nicht in Löbau zu – dort allerdings wurde der Meisterfälscher Konrad Kujau 1938 geboren (*Jubiläumsverkauf falscher Schriften*, 1917). Eine Edith St. übte im Kraftwerk Hagenwerder den Job einer Parteisekretärin tatsächlich aus (*Editha rot, tot*, 1991). Und unverschämt mag erscheinen, dass Ferwaß im Text *Mein Freund Edgar. Ein Nachruf in eigener Sache* (1933) sich nach dem Tod von Edgar Wallace als dessen Ideengeber ausgibt: »Millionenmal verkauft! preist der Verlag Wallace Werke. Da kann ich nur lachen, denn

Sie, lieber Leser, müssen wissen: Das alles ist Betrug! Ohne mich und meine Inspiration hätte es einen Edgar Wallace nie gegeben! Ich bin der Schöpfer all seiner Kriminalromane! Ja, ich Erdmann Ferwaß!« Fake? Lüge? Spaß? Verarschung? »Es ist unmöglich, von Erdmann Ferwaß nicht gefesselt zu sein!« Es bleibt eine Legende.

ⓘ Erdmann Ferwaß: *Oberlausitzer Criminal.* Zittau 2018.
  Erdmann Ferwaß: *Oberlausitzer Phänomenal.* Zittau 2019.

Die Legende vom willensstarken Käthchen

iejenigen, welche auf ihr Banner die Befreiung alles dessen, was Menschenantlitz trägt, geschrieben haben, dürfen nicht eine ganze Hälfte des Menschengeschlechtes durch wirtschaftliche Abhängigkeit zu politischer und sozialer Sklaverei verurteilen. Wie der Arbeiter vom Kapitalisten unterjocht wird, so die Frau vom Manne; und sie wird unterjocht bleiben, solange sie nicht wirtschaftlich unabhängig dasteht.« (Clara Zetkin, »Für die Befreiung der Frau!«, 1889)

Sachsen besaß und besitzt starke Frauen, die sich zu behaupten wussten und wissen: von Katharina von Bora (*1499, Lippendorf; †1552, Torgau), Gräfin Constantia von Cosel (*1680, Depenau; †1765, Stolpen), Clara Schumann (*1819, Leipzig; †1896, Frankfurt am Main) zu den Begründerinnen der Emanzipationsbewegung, Louise Otto-Peters (*1819, Meißen; †1895, Leipzig), Henriette Goldschmidt (*1825, Krotoszyn; †1920, Leipzig), Clara Zetkin (*1857, Wiederau; †1933, Archangelskoje bei Moskau), bis hin zu Antje Hermenau (*1964, Leipzig), Simone Thomalla (*1965, Leipzig) und Katja Kipping (*1978, Dresden). Berichtet wird seit langer Zeit auch vom willensstarken Käthchen, das sich guten Glaubens selbst dem Teufel zu widersetzen wusste.

Im Orte Frohnau (heute Ortsteil von Annaberg-Buchholz) lebte einst ein Steiger, der im Bergwerk redlich seinem Tagwerk nachging. Die Frau war ihm gestorben. Sein Stolz war seine Tochter Katharina. Eine bildhübsche Maid, die ihm den Hausstand versah und alleweil Frohsinn verbreitete, so dass dem Vater seine schwere Arbeit nicht schwerfiel. Als eines Abends der Alte nach getaner Arbeit seiner Wohnstatt zuging, trat ihm ein Mann aus dem Dickicht entgegen und bat: »Bitte helft mir, ich kann den Weg aus der Finsternis nimmer finden. Auch habe ich kein Quartier, hättet Ihr vielleicht ein Nachtlager frei? Ich will's Euch gut vergelten.« Dem Frohnauer Bergmann missfiel der Fremde an Gestalt, Gehabe und Stimme, doch aus Mitleid lud er ihn ein. Und so schritten die beiden dem Haus zu, in dem Katharina eingeheizt und das Mahl bereitet hatte. Als die Tochter die Türe geöffnet und des Fremden ansichtig wurde, brach sie in heulendes Wehgeschrei aus. Die Lampe entglitt ihren Fingern. Als der Alte das Licht mühsam wieder entfacht, musste er bemerken: Sein Käthchen lag bewusstlos vor ihm auf den Dielen. Er hauchte ihr wieder Leben in Glieder und Kopf. Und als sie bei Sinnen, stellten sie fest: Der Fremde war einfach verschwunden. Da sagte die Tochter: »Vater, gut ist es so, denn es war der Teufel, den du mit hergebracht. Er will mich zur Frau!« Als der Vater fragte, woher sie das wisse, antwortete Käthe: »Mir hat's letzte Nacht geträumt, ich läge im Walde, und da schreitet ein Mann auf mich zu. Gerade wie jener hat der ausgesehen«, sprach Katharinen, »und als er sich zum Fortgehen drehte, ließ er sich als Teufel erkennen. Ich sah seine Hörner, seinen Schwanz und den Pferdefuß.«

Der Vater wollte die erschrockene Tochter in seine Arme nehmen und trösten, da bemerkte er ein Blatt Papier auf dem Küchentisch. Drauf stand: »In neun Wochen werde ich um Mitternacht an Euer Fenster klopfen und Dich als meine Braut heimführen!« Damit war Käthchens Traum in Erfüllung gegangen. Und es herrschte kein Zweifel: Es war der Teufel gewesen!

Man kann sich vorstellen, in welch banger Erwartung Käthe

und ihr Vater nun lebten. Sie beteten, so oft es ihnen möglich war, doch waren die neun Wochen voller Sorgen und Angst. Es war klar: Der Teufel würde vom Käthchen nicht lassen. Die Frist verstrich. Mitternacht pochte der Teufel ans Fenster, so dass es beinah aus den Angeln gehoben wurde. Seine schreckliche Stimme schrie: »Braut heraus! Braut heraus!« Der Vater rief deutlich nach Gottes Hilfe. Nochmals ließ sich der Furchtbare von draußen hören: »Nun gut, neun Tage gebe ich Euch als letzte Frist. Ist dann Käthchen noch immer nicht meine Braut, fackel ich Euer Haus ab!«

Nach neun Tagen nahte die Mitternachtsstunde, und es klopfte erneut: »Heraus die Braut, sonst brennt das Haus!« Doch ließ der Alte sich nicht beirren. Er umschlang seine Tochter und rief: »Um Christi Wunden, hebe dich hinweg, Satanas!« Der Teufel brüllte wie Vieh, ob seiner Machtlosigkeit, Käthchens habhaft zu werden: »Braut, Euer Haus steht in Flammen! Ich gebe dir letztmalig neun Wochen. Und bist du dann noch nicht mein, Katharina, dann wird dein Vater elendiglich sterben!« Damit verschwand der Höllenfürst. Aber es begann um Vater und Tochter zu knistern und lodern und übel zu riechen. Des Steigers Haus stand plötzlich in Flammen und brannte bis auf seine Grundmauern nieder. Mit größter Not vermochten sich die beiden zu retten. Allein ihr Leben besaßen sie noch.

Katharina und ihrem Vater gewährten Verwandte zunächst Unterschlupf. Mitleidige Menschen halfen, ihnen ein notdürftig Heim zu errichten. Ob all dieser Arbeit und Sorge schlief Käthchen eines Tages in höchster Mittagsglut ein und ihr träumte, der Teufel würde sie endgültig holen. Im Schreck fuhr sie auf, und durchs Fenster, wo sie grad noch den Teufel gesehen, schwebte ein Engel von überirdischem Lichte umstrahlt. Und der Engel sprach: »Folge mir, Holde, ich bringe dir Frieden!« Und Katharina war nicht mehr bang in seiner Begleitung, und sie liefen auf ihr unbekannten Wegen hinein in den dunklen Erzgebirgswald, bis sie vor einem Felsen standen. Den berührte die Himmelsgestalt mit einem Kruzifix, und der Berg tat sich auf.

Der Engel schritt mit Käthchen durch die Spalte im Felsen, die Wände des Ganges, den sie entlangliefen, glänzten in allen Edelsteinfarben. Sie kamen in einen hohen Saal, der aus purem Gold und Silber schien. In seiner Mitten stund ein kostbares Lager, um das sieben Zwerge knieten. Auf der Bettstatt lag unter einem Baldachin eine wunderschöne Frau und sah ihnen lächelnd entgegen. Und die Fürstin der Berge fragte den Engel: »Was führt euch zu mir?« Da erzählte der Engel in allen Einzelheiten Katharinens furchtbares Schicksal und bat sie um Hilfe. Die Fürstin gab einen Wink, und einer der Zwerge reichte ihr eine Kassette edelster Machart. Ihr entnahm die Fürstin der Berge ein Kreuz mit vielerlei Diamanten besetzt und übergab dieses Käthchen. Die Fürstin sprach: »Trägst du dieses auf deiner Brust, wird dir alles Böse nichts weiter anhaben können!« Ein weiterer Zwerg gab in Katharinens Hand eine edle Kette, und Käthchen legte das Geschmeide an und fühlte sich kräftig und wohl.

Der Engel verabschiedete sich, und Käthchen fand sich am heimischen Herd wieder, wo der Vater ruhte. Sie erzählte ihm alles. Auch er hatte Neues zu berichten, denn im Schacht war er auf ein güldenes Jesuskreuz gestoßen, das er an sich genommen hatte. Als sie es betrachteten, wem es wohl gehöre, lasen sie: »Dem Gläubigen hilft Jesus!«

Die vom Teufel gesetzte Frist lief ab. Doch der Vater und noch mehr Katharina fühlten sich seiner Macht gewachsen. »Braut heraus! Heraus die Braut!«, rief es von draußen. Da öffnete Käthchen selbst das Fenster und hielt Satanas ihr Kreuz entgegen. Der Satan schrie verzweifelt: »Du stehst unter Gottes Schutz, aber mitnichten dein Vater! Er wird mir nun zur Hölle folgen. Komm heraus, dass ich dich packen kann!« Doch da hielt der Vater dem Teufel das güldene Jesuskreuz vor die Augen. Das war das Ende des Kampfes. Der Höllenfürst unterlag, doch verließ er die beiden, nicht ohne seine Macht zu demonstrieren, die er, wenn schon nicht über sie, doch über anderes hatte. Ein Orkan brauste auf. Blitze schlugen, und Donner krachten. Man glaubte in Frohnau, die Welt gehe unter. Dann schlug es eins, und aller Spuk war vorbei.

Käthchen heiratete einen rechtschaffenen Mann aus dem Ort, der auf sie schon lange ein Auge geworfen hatte. Sie liebten sich sehr. Als der Vater gestorben war, begrub ihn die Tochter am Felsen, in dem sie einst die Bergfürstin getroffen hatte. Als Käthchen selbst das Zeitliche segnete, schlug ihr Gatte in diesen Fels eine Gruft. Als die groß genug war, ihren Sarg endlich zu fassen, schwebte der Engel heran und hob ihn hinein. Dann verschloss er den Berg. Keine Spur war mehr zu sehen. Seitdem nennen die Heimischen diesen Felsen den »Käthelstein«.

ⓘ Käthelstein: 09456 Annaberg-Buchholz

Die Legende vom toten Terroristen

Das Bundesinnenministerium schreibt: »Für die Bürgerinnen und Bürger der Bundesrepublik Deutschland und der westlichen Staatengemeinschaft wird auf absehbare Zeit der islamistisch motivierte internationale Terrorismus die virulenteste Bedrohung bleiben.«

Der islamistische Terrorismus ist eine der größten Herausforderungen für die Sicherheitsbehörden in Deutschland und Europa. Die Vielzahl der Terroranschläge in den vergangenen Jahren hat das auf tragische Weise belegt. Trotz Alarmstufe und Sensibilisierung, trotz Gesetzesänderungen, Geheimdienstrecherchen und Überwachungsmaßnahmen offenbaren die Arbeitsabläufe in den Behörden und die Ermittlungen gravierende Mängel im Umgang mit terroristisch motivierten Verbrechen. Auch in Sachsen. Viele der Details im Fall des Dschaber al-Bakr blieben ungeklärt und bieten Argumente für ideologische, parteiliche, private Diskussionen und reichlich Stoff für die Legendenbildung.

Geboren wurde Dschaber al-Bakr am 10. Januar 1994 in Saasaa, nahe Damaskus, als Kind eines gutsituierten und regimetreuen Bauunternehmers. Drei Schwestern. Vier Brüder. Dschaber studierte an der Universität Mechatronik und liebte Karate. »Er war unauffällig«, sagt der zehn Jahre ältere Bruder, »an Politik war er nicht interessiert«. Aber dann kritisierte der Student den syrischen Machthaber Baschar al-Assad, und die Behörde setzte ihn Wochen hinter Gitter: Grund genug für seine Flucht nach Westeuropa. Für den Weg soll der Sohn dem Vater fünf Millionen syrische Pfund gestohlen haben: Nordafrika, Boot, Italien, Deutschland.

Nach seinem illegalen Grenzübertritt wird Dschaber al-Bakr am 18. Februar 2015 in Rosenheim aufgegriffen. Die Sicherheitsüberprüfung der Behörden bleibt »allerdings ohne Treffer«, so wird al-Bakrs Asylantrag im Juni positiv beschieden. Ab März 2016 lebt er in Eilenburg, Betreuer stellen an seinem Verhalten nichts Extremistisches fest. Aber: »Mein Bruder hat sich in Deutschland radikalisiert!« Ein halbes Jahr später erfolgt zu ihm der erste »ernstzunehmende Hinweis auf islamistisch-terroristische Aktivitäten« von einem »befreundeten Geheimdienst«. Verfassungsschutz und BND stellen (wahrscheinlich) von Dschaber al-Bakr angestellte Internetrecherchen zu Bombenbau und Materialbeschaffung fest. Fortan steht er als Gefährder unter dauerhafter Beobachtung der Polizei. Ermittler folgen seiner Spur auch in den Unterschlupf bei einem Landsmann: Chemnitz, Fritz-Heckert-Viertel, Straße Ústí nad Labem 97. Für die Verhaftung informiert man die Polizei. Schwerbewaffnet steht am 7. Oktober 2016 ein Kommando vor dem Neubaublock.

Ab nun spricht man vom »Versager-Staat Sachsen«: Die Festnahme Dschaber al-Bakrs war gut vorbereitet. Unterstützung hatte sich Sachsen aus anderen Bundesländern geholt. 21.45 Uhr bezieht man auf der Straße Ústí nad Labem Stellung. Die ganze Nacht wird observiert. 7.04 Uhr verlässt eine »unbekannte Person« das Haus und verschwindet in Richtung Innenstadt. Man ist sich nicht sicher, ob das al-Bakr ist, trotzdem wird ein Warnschuss abgegeben. Gezielt kann auf den Flüchtenden nicht geschossen werden, Unbeteiligte könnten getroffen werden. Eine Verfolgung muss unterbleiben, denn bei 30 Kilogramm Sturmgepäck sei sie von vornherein zum Scheitern verurteilt. Der des Terrors Verdächtige ist entwischt. Kritik am Vorgehen erfolgt auch von Kollegen: »Bei solchen Einsätzen kann immer etwas schiefgehen. Aber dass einer einfach nur durchläuft und nicht einmal verfolgt wird, ist völlig unverständlich.« Dass höchste Gefahr bestanden hat, beweisen gefundene 1,5 Kilogramm »hochbrisanter Sprengstoff«. Das LKA Sachsen spricht von einem »erfolgreichen Einsatzabschnitt«. Vom Bombenbauer fehlt jede Spur.

Man spricht weiter vom »Versager-Staat Sachsen«: Flüchtlinge tauschen untereinander Handynummern und Adressen, falls man sich mal helfen muss. Am 8. Oktober sitzen abends Mohamed und seine Landsleute Sami und Ahmed beisammen, sie kommen aus derselben Stadt, als ein Khaled anruft und um Übernachtung bittet, für ein, zwei Tage, er könne dafür auch etwas zahlen. Mohamed holt Khaled ab. Er wirkt auf ihn zwar wirr und ungewaschen, aber »ich hatte mit ihm Mitleid«. Man fährt in Mohameds Wohnung im Neubauviertel Leipzig-Paunsdorf. So findet Dschaber al-Bakr Unterschlupf, seine drei Helfer ahnen nichts, denn 36 Stunden braucht es, um den Haftbefehl ins Arabische zu übersetzen und ins Internet zu stellen. Als Ahmed spätabends nach dem Kartenspiel über seine *Facebook*-Seite scrollt, liest er von einem geplanten Terroranschlag auf einen Berliner Flughafen und blickt auf ein Foto des gesuchten Attentäters. Auf dem Foto erkennt er den Gast, der im Nebenzimmer schläft. Al-Bakr wird von ihnen überwältigt und gefesselt. Er bietet ihnen 10.000 Euro, wenn sie ihn jetzt laufen lassen. Die Polizei aber ist benachrichtigt. Um 0.42 Uhr wird Dschaber al-Bakr festgenommen und in die Untersuchungshaftanstalt in Leipzig-Wachau überstellt. Er wird einem Haftrichter vorgeführt. Dschaber al-Bakr bestreitet alles ihm zur Last Gelegte. Der Haftrichter weist auf eine »mögliche Selbstmordgefahr« des Inhaftierten hin. In der Justizvollzugsanstalt einigt man sich auf einen 15-Minuten-Takt der Einzelzellkontrolle.

Und weiter spricht man vom »Versager-Staat Sachsen«: Dass ein Suizid-Gefährdeter in einer Einzelzelle schläft, verwundert. So steht er nicht unter ständiger Beobachtung. Auch ein Übersetzer ist nicht im Hafthaus. Aber das Verhalten des Beschuldigten lässt keine akute Gefahr erkennen. Erst am nächsten Tag kann al-Bakr mit einem Anwalt und Dolmetscher sprechen. Sein Mandant habe einen »vernünftigen Eindruck« gemacht, aber jede Nahrungsaufnahme, auch das Trinken, verweigert, damit »war schon klar, dass er sein Leben aufs Spiel setzt«. Die konsultierte Anstaltspsychologin schätzt al-Bakr jedoch als ruhig und vernünftig ein und meint, dass nunmehr eine Zellenkontrolle aller halben Stunden ausreichend sei. Später sagt der Anstaltsleiter: »Das ist eine Teamentscheidung gewesen.« Eine voreilige und falsche.

Zunächst bleibt der Insasse nicht ruhig, denn Dschaber al-Bakr steigt aufs Bett und reißt die Deckenlampe herunter. Man schließt auf haftüblichen Vandalismus, nicht auf einen Selbstmordversuch. Die Zelle bleibt die Nacht lang ohne Strom. Der Anwalt weist das Personal auf den Hungerstreik seines Mandanten hin. Doch bleibt der lange Rhythmus der Beobachtung. Am Mittwoch, den 12. Oktober 2016, 19.30 Uhr schaut man nach dem Gefangenen und erblickt ihn letztmals lebend. Eine Justizanwärterin hat keine Ruhe und schaut schon nach 15 Minuten wieder nach: Sie findet den Häftling am Gitter hängend stranguliert mit dem grauen Anstalts-T-Shirt. Jede Hilfe kommt zu spät. Um 21.15 Uhr erklärt der Arzt den Terrorverdächtigen für tot.

Deutschlandweit und international spricht man vom »Failed Freistaat«: Die Kritik über den Fall Dschaber al-Bakr ist einhellig negativ, oft hämisch. Man lacht über die »slap-stickhaften Szenen«. Parallelen zum Ermittlungsversagen beim NSU werden gezogen, Konsequenzen werden ange-mahnt und der Rücktritt des sächsischen Justizministers gefordert. Der Tod des Dschaber al-Bakr hätte den Kampf gegen den internationalen Terrorismus intensiviert. Al-Bakr hätte neben seinen eigenen Vorbereitungen, den Si-cherheitsbehörden wichtige Informationen zu Hintermän-nern und Strukturen des IS in Deutschland liefern können. Sein erfolgreicher Suizid sei ein »unleugbares Indiz für das mangelnde Problembewusstsein staatlicher Institutionen Sachsens«, denn »hinter diesen vielen Pannen steckt offen-bar kein böser Zufall, sondern eine unfähige und unwillige politische Leitung durch die Staatsregierung«. Es war eine »Blamage für Deutschland«, ein »Totalversagen«. Sachsens Regierungsvertreter weisen die »Pauschalvorwürfe« zurück. Der Justizminister blieb im Amt.

ⓘ Haftanstalt Leipzig: Leinestraße 111, 04279 Leipzig
Der unbekannte Terrorist. Jaber Albakr und das Versagen des Staates.
Dokumentation von Jan Schmitt, Arndt Ginzel, Naima El Moussaoui, Tarek Khello.

Die legendäre Stimme des Sherlock Holmes

ie Person, die Ihr Leben auslöschen wollte, Sir Henry, ist dieselbe, die geplant hat, Ihren Onkel zu töten. Er wollte sie beide aus dem Wege räumen, damit er Anspruch auf dieses Haus anmelden kann, auf den ganzen Besitz von Baskerville. Als er seinen Stammbaum erforschte, fand er nicht nur heraus, dass er mit den Baskervilles verwandt ist, sondern stieß auch auf die alte Legende über den Hund, also erweckte er den Hund zu neuem Leben.«

Der Hund von Baskerville (1901) ist ein Meilenstein der Kriminalliteratur, und Sherlock Holmes der legendärste Detektiv aller Zeiten. Allein 25-mal wurde diese Gruselmär verfilmt. Doch Fans und Fachwelt sind sich (beinah) einig: Es kann nur einen geben, der Sherlock Holmes als Schauspieler adäquat verkörpert – Basil Rathbone (*1892; †1967). In vierzehn Filmen gab der Amerikaner den Superdetektiv, bis heute haben diese Filmversionen nichts an ihrer Faszination verloren. Das liegt im deutschen Sprachraum auch zum Gutteil an der Synchronisation. Jene erfolgte erstmals 1969 durch den Deutschen Fernsehfunk. Dem Sherlock Holmes lieh Walter Niklaus seine Stimme und fortan in allen Folgen. Die Stimme ist so markant, dass wer sie einmal gehört, sie immer wieder erkennt: leicht schneidend, sonor, scharf modulierend. Unzählige Hörspiele machte sie individuell und unverkennbar. Auch Filme, oft als Erzähler aus dem Off, manchmal in Person: *Ernst Thälmann – Führer seiner Klasse* (1955), *Wolf unter Wölfen* (1965), *Das unsichtbare Visier* (1973–79), *Bahnwärter Thiel* (1982) oder *Sachsens Glanz und Preußens Gloria* (1987).

Walter Niklaus wurde 1925 in Köln geboren, seine Ausbildung erhielt er (zusammen mit Rolf Hoppe) am Konservatorium Erfurt. Erstes Theaterengagement 1951 in Cottbus, wo er unter anderem mit Ellen Tiedtke und Erhard Köster das Kabarett »Die fünf Stichlinge« aus der Taufe hob. Er übernahm neben Regie und Darstellung leitende Funktion an den Theatern Cottbus, Schwerin und Erfurt. Er inszenierte in Dresden, Leipzig, Weimar, Berlin. Er schrieb das Drehbuch zum ersten DDR-Revue-Film *Meine Frau macht Musik* (1958) mit Günter Simon, Evelyn Künnecke und Heinz Schubert. Karl Eduard von Schnitzler kritisierte: »Ein großer, bunter Abend – mit allen Schwächen, die dieser Kunstgattung zur Zeit eigen sind, aber auch mit den harmlosen Belustigungen, die sie bietet.« Das Publikum strömte in die Lichtspielhäuser. Seine Liebe zum Musiktheater machen auch Walter Niklaus' regelmäßige Regiearbeiten an der Staatsoperette Dresden deutlich, wo er viele Erstaufführungen und umstrittene Musicals zur Premiere brachte: *Machiavelli* (1978), *Evita* (1987) oder *Der König David Bericht* (1989).

Unschätzbare Verdienste erwarb sich Walter Niklaus rein akustisch zum einen als Sprecher mit wiedererkennbarer Stimme, zum anderen als Hörspielregisseur und Leiter des Hörspielstudios am Funkhaus Leipzig. 1964 übernahm er diese Stelle, inszenierte Klassiker wie Strittmatters *Wundertäter* (1970), Goethes *Die Leiden des jungen Werthers* (1976), Gerhard Rentzschs *Jugendweihe* (1976) oder Feuchtwangers *Füchse im Weinberg* (1977). Oft arbeitete er mit Schauspielern zusammen, die später zu Legenden wurden: Kurt Böwe in *Ein altes Modell* (1974), Rolf Hoppe in *Nathan der Weise* (1980) und Sylvester Groth und Jutta Wachowiak und Annekatrin Bürger und Jürgen Hentsch und Ursula Werner und … Viele seiner Inszenierungen wurden preisgekrönt, unter anderem Katrin Langes *Willi und die anderen* (1984). Er selbst erhielt den Kunstpreis der DDR 1974. Viele der von ihm Engagierten behaupten, dass sie erst durch ihn wirklich das Sprechen begriffen haben, und er lehrte junge Regisseure, wie man richtig Hörspiel macht. Klaus Zippel: »Alles, was Rundfunk heißt und was dran Spaß macht, habe ich von Ihnen gelernt: die Fähigkeit, technische Apparate zu überlisten, zu experimentieren, zu improvisieren …«

Hörspielarbeit ist puzzlige Arbeit, vor allem im Detail, das der Hörer bestenfalls gar nicht bemerkt. So auch beim Großprojekt *Der Graf von Monte Christo* (1997). Leiter »Künstlerisches Wort« des MDR Matthias Thalheim:

»Tage um Tage saßen Dramaturg Thomas Fritz und Walter Niklaus über den Manuskripten der Hörspielbearbeitung. Sie sollte in sechs Halbstunden-Folgen für die Lesezeit funktionieren und auch als dreiteiliges Hörspiel beziehungsweise Hörbuch. Eine Zirkelei mit halben Minuten. Ein Kunststück, das beinahe nur mit einem Regisseur wie Niklaus zu stemmen ist, denn selbst mit einer papierenen Rohfassung eines Manuskripts in der Hand, hat er ganz plastische und präzise Vorstellungen, wie eine Szene läuft, ein Übergang sich verzahnt, ein Musikakzent zu sitzen hat. Und somit auch, ob diese Folge 29 Minuten lang ist oder mit 31 Minuten noch Kürzungen im Manuskript braucht. Das noch größere Problem stand mit der Besetzung des Edmond Dantès an, der, als junger Mann auf die Kerkerinsel intrigiert, vierzehn Jahre einsitzt und nach seiner wunderhaften Befreiung noch acht Jahre ausharrt, bis er zu seinem Rachefeldzug schreitet. Wir überlegen hin und her, gehen die Möglichkeiten mit reiferen Schauspielern durch, die Söhne auf der Schauspielschule haben, um so eine Sohn-Vater-Besetzung für die darzustellende Zeitspanne von über 22 Jahre zu finden. Dann kommt Walter Niklaus mit dem Vorschlag, Mathieu Carrière für den alten und den jungen Dantès zu besetzen. Mit ihm würde man das stemmen können.

Aber kriegt man so einen Star wie Carrière ins Hörspielstudio? Der Produktionschef Klaus Zippel telefoniert sich die Finger nach ihm wund, wir stoßen die gesamte Aufnahmeplanung um, und zu guter Letzt beeindruckt Carrière die Hartnäckigkeit der Leipziger Hörspielleute und kommt. Auch Ernst Jacobi kommt, der mit seinem unverwechselbaren Erzählgestus die Atmosphäre des Stückes prägt, und Martin Semmelrogge und Ulrich Wildgruber.«

Zwar gab Walter Niklaus 1990 den Job als Hörspielchef in Leipzig auf, doch setzte er sowohl seine Rundfunkarbeit als auch die im Theater erfolgreich fort. 2000 preisgekrönt das Bestseller-Hörspiel: *Die Päpstin* mit Angelica Domröse, Angelika Waller und Hilmar Thate. 2001: *Gräfin Cosel* mit Corinna Kirchhoff und Thomas Thieme. 2012: *Der Gondoliere von Itzehoe* – ein Stück von Günter Kunert. 2015: *Todsicher* – ein Kriminalhörspiel. 2016: *Die schlaflose Welt* – ein Text von Stefan Zweig. Gerhard Rentzsch, der nicht minder legendäre Hörspielautor, meinte: »Vor kurzem wurde ich nachdrücklich an Sie erinnert. Da sendete Deutschlandradio ein Hörspiel, Regie Walter Niklaus, der Titel ›Jugendweihe‹, produziert von Ihnen vor über zwanzig Jahren. Ich war gespannt, ob die Sache noch funktioniert, und war verblüfft; ein bemooster Karpfen, aber schmeckte nicht im Geringsten schlammig, sondern ganz frisch. Und so wie ich damals Dankeschön zu dieser Ihrer Arbeit gesagt habe, wie jedes Mal, wenn Walter Niklaus was von mir inszenierte, so wiederum nach 20 Jahren. Es ist ja immer ein Glücksfall, wenn man unterwegs im Beruf auf jemanden trifft, von dem man noch was lernen kann.«

ⓘ *Sherlock Holmes Edition. Alle Filme der legendären Krimi-Reihe mit Basil Rathbone und Nigel Bruce.* DVD: Planegg 2012.

Die Päpstin. CD: Berlin 2000.

Gräfin Cosel. CD: Berlin 2001.

Die schlaflose Welt. CD: Berlin 2016.

Die Legende von der »sächsischen Nachtigall«

Was Sachsen sin von echtem Schlaach,
die sin nich dod zu griechn.
Drift die ooch Gummer Daach fier Daach,
ihr froher Mut wärd siechen.

Sachsen werden *gnietschich*, wenn man sie belächelt. Und
ob ihrer Aussprache sind sie oft Ziel beißenden und bösen
Spotts. Medial wird die Diskriminierung unterstützt, denn
treten Deppen, Nazi- oder Stasi-Schergen in TV und Film
auf, leiern diese (meist) im sächsischen Idiom. So pflegen
Sachsen ungern offiziell den ihnen angestammten Dialekt,
außer …, außer sie rezitieren die Verse der Lene Voigt. Ihre
»Balladen« und »Glassiger« *gennen nur eschte Saggsn zum
Vortrache bringen* und das Publikum zum Lachen (so dieses
die gebrauchten Wörter überhaupt versteht).

»Das gonnte noch viel schlimmer gomm'«,
so feixen richtsche Sachsen.
Was andre forchtbar schwär genomm',
däm fiehlnse sich gewachsen.

Helene Amalie Wagner wurde am 2. Mai 1891 in Leipzig
geboren. Von Vater Karl erbte sie die humoristische Be-
gabung, jedoch auch den Hang zur Melancholie. Lene war
ein aufgewecktes Kind, das sich für alles interessierte. Mit
zwölf trug sie als Botenmädchen einer Puppenklinik zum
Familienunterhalt bei. Ihr Lieblingsschriftsteller war Ludwig Anzengruber, der sie durch seinen sozial geschärften

Blick beeindruckte. Schon als Fünfzehnjährige veröffentlichte sie ihr erstes Gedicht, bald war sie regelmäßige Autorin in vor allem linksorientierten Zeitungsblättern wie *Die Rote Fahne*, *Proletarische Heimstunden* oder *Der Drache*. Ihre Mundartlyrik ließ sie über die Stadt hinaus bekannt werden. Es folgte die Ausbildung zur Kindergärtnerin, jedoch bald Anstellungen und freiberufliche Tätigkeit in namhaften Leipziger Verlagen. Ihre literarische Karriere steuerte zum Höhepunkt: In rascher Folge erscheinen *In Sachsen gewachsen. Neie Gleenichgeeten* (1924), *Säk'sche Balladen* (1925), *Säk'sche Glassigger* (1925), *Mir Sachsen. Lauter gleenes Zeich zum Vortragen* (1928).

Ihre Ehe mit dem kriegsversehrt heimgekehrten Otto Voigt blieb kurz. Dann die Katastrophenjahre: Der gemeinsame Sohn Alfred verstirbt mit fünf Jahren an Meningitis. Lenes Vater Karl ertränkt sich. Den geliebten Opernsänger trifft der Schlag. Helene fällt in schwere Depressionen und versucht mit Schreibmaschine und kleinem Köfferchen einen Neuanfang in Bremen.

> *Un schwimm' de letzten Felle fort,*
> *dann schwimmse mit un landen dort,*
> *wo die emal ans Ufer dreim.*
> *So is das un so wärds ooch bleim.*

Lene Voigts Leben bleibt unstet, ihr literarischer Erfolg hält an. Alle ihre Bücher erleben Nachauflage um Nachauflage. Und sie bleibt produktiv. Der Roman *Vom Pleißestrand nach Helgoland. Ein lustiges Reisebild* (1934) erscheint und andere Kleinkunst wie die *Leibzcher Lindenbliehten* (1935) mehr. Dann wird die Karriere jäh beendet: Der Verein des »Heimwerk Sachsen« hat sich unter dem Vorsitz von Gauleiter Martin Mutschmann der Förderung des sächsischen

Volkstums verschrieben, wozu »Sachsenkomiker, Witzefa-
brikanten und verjüdelte Literaten« nicht gehören, da sie
die sächsische Sprache »verschandeln«. Mundartbücher
werden eingestampft, Nachauflagen verboten. Lene Voigt
wird namentlich an den Pranger gestellt, bespitzelt, geäch-
tet. »Die Voigt hat die schönsten Dichtungen der Weltlite-
ratur durch gesuchte komische Situationen und Sprachlu-
derei in die Minderwertigkeit und Lächerlichkeit hinab
gezerrt. Das ist bewusste Zersetzung hoher Kulturgüter.
Das ist Kulturbolschewismus …« Lene Voigt antwortet mit
dem ihr eigenen Humor:

> 'ne Mundart lässt sich nich verbieten,
> weil blutsgebunden bis ins Mark,
> dr Volksmund selwer weeß zu hieten
> sei Vätererbe drei un stark.
> Ich mußte neie Mundartlieder
> Landsleiten uff e Zettel schreim,
> denn meine Schwestern, meine Brieder
> wolln fest mit mir verbunden bleim.

Doch zeigen all die Diffamierungen Wirkung bei der Autorin und enden mit der Diagnose »Verfolgungswahn« in der
»Nervenklinik Schleswig«. Nach ihrer Entlassung zieht sie
nach Lübeck, Flensburg, München und Berlin, um 1940
wieder in ihrer Heimatstadt Leipzig Wohnung zu nehmen.
Sie wird zum »Endsieg« in Verlagshäusern »dienstverpflich-
tet«, und keiner der Mitarbeiter ahnt, dass die unschein-
bare Kollegin die einst gefeierte Mundartdichterin ist. Das
Kriegsende birgt Hoffnung auf Wiederveröffentlichung
und soziale Sicherheit. Und Leipzigs erstes Nachkriegska-
barett »Die Rampe« rezitiert ihre »Glassigger« mit Erfolg.
Doch Zukunftsangst, Klimakterium, Halluzinationen füh-

ren zu Unterernährung (38,3 Kilogramm!) und »reaktiver Psychose«. Der Krankenhausaufenthalt bringt Beruhigung und neue Schaffenskraft, jedoch keine Stabilität. 1949 steht sie erneut vor der Einweisung nach Leipzig-Dösen. Die Patientenakte vermerkt: Sie »tanzte Walzer vor dem aufnehmenden Arzt, soll auch halluziniert und paranoide Ideen geäußert haben«. Gleichwohl sich die Symptome bessern, fürchtet Lene Voigt, einem Alltag außerhalb der Klinik nicht mehr gewachsen zu sein. Sie bleibt, arbeitet in der Buchhaltung und erledigt Botengänge.

> *Der Schizophrene von Format*
> *Prüft nach dem Schub das Resultat.*
> *Es ist nicht schlecht, weil unbedingt*
> *Solch kleine Staupe stark verjüngt.*
> *Nicht äußerlich gemeint, o nein,*
> *denn Altersfalten müssen sein.*
> *Doch innrer Auftrieb, neuer Schwung,*
> *erhält des Geistes Kräfte jung.*
> *So manches ahnen wir voraus.*
> *Skeptiker ziehn die Stirne kraus*
> *Und nennen dieses gar beblöden*
> *(man könnte für die Herrn erröten).*

Auch schreibt Lene Voigt wieder an Texten, doch veröffentlicht kein Verlag der DDR ihre alten, geschweige denn die neuen Werke. Vielleicht scheint den verantwortlichen Genossen die Nähe zu den Reden des Leipziger Staatsmannes Walter Ulbricht akustisch zu nah und zu lächerlich. Ein einziges Gedicht bringt sie in der Zeitschrift *Volkskunst* unter.

Am 16. Juli 1962 stirbt Lene Voigt fast unbemerkt und wird auf dem Leipziger Südfriedhof bestattet. Einen Grabstein setzt man ihr erst 1985. Denn Wolfgang U. Schütte hatte Lene Voigt wiederentdeckt und an der Verlagsbürokratie vorbei im »Zentralhaus für Laienkunst und Brauchtumspflege« publiziert. Seitdem hält die Renaissance der Autorin an, wird größer. Namhafte Schauspieler und Kabarettisten touren mit Lene-Voigt-Programmen: Gisela Oechelhaeuser, Tom Pauls alias Ilse Bähnert, Uwe Steimle, Bernd-Lutz Lange, Hilmar Eichhorn … In ihrer Heimatstadt Leipzig ehrt eine Gedenkplakette mit Vase, eine Schule und ein Park ihren Namen.

Zu Neijiahr hatt'ch mer vorgenomm,
De Daache alle, wiese gomm,
Zu gondrolliern druff, obse nich
'ne gleene Freide hamm fier mich.

Un wärklich, änne Gleenichgeet
Zum Frei'n gab's bei mir jederzeet.
In mein Galänder malte ich
Drum unter jeden Daach ä Schtrich.

Un wie nu's Jahr zu Ende war,
da zählt' ich deitlich, zählt' ich glar
Dreihundertfinfunsächzich Freiden.
(Dadsächlich, ich bin zu beneiden.)

ⓘ Lene Voigt: *Werke.* Herausgegeben von Monica Schütte, Wolfgang U. Schütte, Gabriele Trillhaase im Auftrag der Lene-Voigt-Gesellschaft e. V. Connewitzer Verlagsbuchhandlung Hinke, Leipzig 2004–2011.
Lene-Voigt-Gedenkplakette mit Blumenvase: Kupfergasse 2, 04109 Leipzig
Lene-Voigt-Park: 04317 Leipzig

Die Legende vom Bürgermeister mit dem eigenen Kopf unterm Arm

Vor allem in den Nächten, in denen der Nebel durch die Straßen von Görlitz wallt und der Sturm um Mauern und unter die Dächer bläst, in jenen stürmischen Nächten fährt eine Kutsche um Mitternacht los an der Jacobskirche und rast durch die Gassen der Altstadt. Straßengänger sollten zur Seite springen, besser noch, sie suchten Versteck. Denn wer diese Kutsche erblickt, bezahlt mit immerwährender Angst, grauen Haaren, wenn nicht gar mit baldigem Tod. Man weiß, dass Neugierige, die die Fenster öffneten, um den Wagen zu sehen, ihn niemals erblickten. Immer war er grad um die Ecke entwischt, nur eine schwarze Blutspur sahen sie noch. Die gab es stets, denn vier kopflose Pferde zogen den Wagen, aus ihren Hälsen troff das Blut wie aus sprudelndem Quell. Auf dem Kutschbock kein Mensch. Nur in kohlrabenschwarze Mäntel gekleidete Männer liefen nebenher, ihre bleichen Köpfe hielten sie unterm Arm. Die aber schrien und klagten und heulten und waren vom Sturm nimmer zu unterscheiden. Das Wiehern der Pferde war vielleicht eine Bö. Schaurig, nicht schön war diese Musik: Es hörte sich an, als wollten diese Gestalten die Lebenden ins Reich der Toten entführen.

Die Alten erzählen wie auch die Literatur (unter anderem Adolf Muschg, Andreas Gerth, René Harder), es sei ein Leichenwagen, der da immer mal wieder auf fester Route durch Görlitz kutschiert: Jacobskirche, Frauentor, die Nonnen- und die Brüderstraße entlang. Und wenn's durch die Peterstraße geht, dann hält das Gefährt vor Haus Nummer 13. Dieses gehörte einst Gregor Gobius. Der war der Stadt anerkannter Richter und Bürgermeister gewesen. Doch seine Macht habe er auch aus der Kenntnis übernatürlicher Kräfte geschöpft, meinten die Leute. Und so wäre es auch möglich, dass er seinem eigenen Begräbnisse zusah: Er hatte seinen Kopf auf das Brett vorm Fenster gestellt. Hielt nun die Kutsche, nahmen seine Hände das Haupt und lachend schritt der Meister zur Straße hinab und setzte sich auf den Bock, Kopf unterm Arm. Dann gab er den blutenden Pferden die Peitsche und weiter ging's über Langen- und Breitenstraße, durchs Reichenbacher Tor, den Grünen Graben entlang bis hin zum Nikolaikirchhof. Auf dem Gottesacker verschwand dann die Kutsche samt Mannen in der Gobius'schen Gruft. So die Legende. Andere meinen, er habe seinem eigenen Leichenzug nur hohnlachend nachgesehen, zugestiegen sei er ihm nicht.

Doch nicht nur mit dieser Todesfahrt sorgt Gregor Koppsch (latinisiert: Gobius) noch heute für Schrecken. Einmal hätten Kinder auf dem Friedhof von St. Nikolai Spiele gespielt und gerieten dabei in die Nähe der sagenhaften Begräbnisstätte. Der übermütigste Knabe rief laut in die Gruft: »Gobsch, komm heraus!« Niemand erschien, doch erhielt der vorlaute Bengel von unsichtbarer Hand so eine Maulschelle, dass er im Bogen übers Gräberfeld flog. Und es dröhnte: »Wer wagt es, meine Ruhe zu stören?« Zu Tode geängstigt liefen alle Kinder schreiend von dannen und trauten sich nie wieder in die Nähe des Grabes. So halten's die Kleinen auch heute. Die Gruft aber steht.

Eine andere Geschichte behauptet: Herr Gobius wandelt an zufälligen Tagen Hand in Hand mit seiner verstorbenen Gattin auf und ab in den langen Gängen des (ehemaligen) Waisenhauses an der Annenkapelle. Und plötzlich verschwinden die Untoten wieder, genau an der Stelle, wo einst ihre Bilder gehangen. Und ein Bild von ihm existiert auch neben dem Fenster im Haus 13 der Peterstraße. Um das Unglück nicht heraufzubeschwören, muss es auf ewig da bleiben. Mancher aber hat es zu seinem Schaden betrachtet, heute ist es durch Umbau verschwunden, aber noch existent. Auch wenn Gregor Gobius noch immer umgehen soll, man hat ihn 1658 in Ehren bestattet. Sei's drum: Der Mann ist einfach nicht totzukriegen und der Stadt bleibend Gespräch.

Gelebt hat der Untote wirklich. Er ward 1598 zu Glogau in Niederschlesien geboren und bereiste zu Studienzwecken Europa, sah Frankreich, Belgien und England. Er bestand die Examina in der Jurisprudenz und bewarb sich als Stadtrichter zu Görlitz. Als er diesen Job übernommen, sprachen die Leute schnell über ihn. Auffällig allein schon sein Outfit: knallrot die Kleider und auf dem Kopf eine übergroße Lockenperücke. Und im Haus Nummer 13 gingen geheimnisvolle Dinge vonstatten: Gregor Gobius war Alchemist. Einst war diese Wissenschaft ein Zweig der Naturphilosophie und beschäftigte sich mit den Elementen. Bald aber trennte sich die Alchemie ab von der modernen Chemie und Pharmakologie und fußte auf mystisch gefärbter Spekulation. Unüblich war die Geheimwissenschaft nicht, auch nicht für Richter und Bürgermeister. Grundlage des Forschens war die Transmutation, die erlaubte, einen Stoff in andere übergehen zu lassen. »So ist es möglich, aus Körpern, die kein Gold enthalten, durch Kunst wahres, vollkommenes und beständiges Gold herzustellen. Das Mittel dazu ist ein Präparat der Kunst, der Stein der Weisen, das große Elixier, das große Magisterium, die rothe Tinktur genannt.« Auch die Transmutation der Psyche lag für Alchemisten im Bereiche des Machbaren, so vermochte man durch Leiden, Tod und Auferstehung, zu einer neuen, göttlichen Existenz zu gelangen.

Es war in der Görlitzer Gegend üblich, die Mystik in Verbindung mit Naturlehre und göttlicher Inspiration zu denken. Jakob Böhme (*1575; †1624) verwob Naturwissenschaft, Philosophie und Theosophie zu einer ganz eigenständigen Theorie: »Ein jeder Geist ist rohe, und kennet sich nicht: nun begehret ein jeder Geist Leib, beides zu seiner Speise und Wonne. Die Jungfrau der Weisheit umgab den Seelen-Geist erstlich mit himmlischer Wesenheit, mit himmlischem göttlichem Fleische, und der Heilige Geist gab die himmlische Tinctur.« Mit seinen Ansichten beeinflusste der Schuhmacher-Philosoph die europäische Geistesgeschichte. Hegel nannte ihn »den ersten deutschen Philosophen«. Ärzte behandelten nach Paracelischen Thesen. Und Ehrenfried Walther von Tschirnhaus (*1651; †1708), ein Forscher, der nahe Görlitz in Kieslingswalde, Niederschlesien, geboren ward, mischte, in Gemeinschaftsarbeit mit »Goldmacher« Johann Georg Böttger, dem sächsischen Kurfürsten das Meißner Porzellan. Gregor Gobius lebte mit beiden in gemeinsamer Zeit.

Sicher ist, dass Gobius versuchte, Gold herzustellen. Auch experimentierte er in seinem Hause mit Leichen, um sie ewig haltbar zu machen, gar die seiner Frau und der eigenen Tochter balsamierte er ein. Sein Diener tat nach Gobius' Tod Gleiches mit ihm. Noch im Jahre 1844 hat der Küster von St. Nikolai über die »Görlitzer Mumie« gesprochen und Sensationslüsterne über den Friedhof geführt: »Der Leichnam der Tochter blieb vortrefflich erhalten, und mit grausenhaftem Staunen sehen die Fremden die zweihundertjährige Mumie der Anna Margaretha Gobius.« Schließlich aber sei ein Fremder gekommen, der sich als Nachfahr des Gobius präsentierte. Er verlangte, dass seine

Ahnen nicht länger der Stadt als Sehenswürdigkeit dienen. Er wollte die tote Anna mit sich nehmen, das wurde verweigert. Doch entschloss sich der Magistrat, die Mumie in einem Sarg fest zu verschließen und in die Gruft der Familie zu überführen. Aber die Versetzung des Leichnams ging still und geheim vonstatten, so dass die Görlitzer glauben, ein leerer Sarg liege heute dort. Grund genug, dagegen zu protestieren. Und auch deshalb rattert in stürmischen Nächten die schwarze Kutsche mit vier kopflosen Pferden durch Görlitz. Und am Fenster der Peterstraße 13 steht Gobius' Kopf und lacht und lacht, dass das Blut einem gefriert.

ⓘ Gobius-Haus: Peterstraße 13, 02826 Görlitz
Gobius-Gruft auf dem Nikolaikirchhof: Große Wallstraße, 02826 Görlitz
Alfred Muschg: *Kinderhochzeit.* Berlin 2008.
Andreas Gerth: *Mystisches Görlitz. Ein außergewöhnlicher Stadtführer zu geheimnisvollen Orten in Görlitz.* Spitzkunnersdorf 2016.

Legenden von hingewürfelten Felsen

Gebildet ist, wer Parallelen sieht, wo andre etwas völlig Neues zu erblicken glauben«, meinte Anton Graff und blickte von Dresden aus ostwärts. Etwa einen Tagesmarsch entfernt, sah er und sein Kollege Adrian Zingg »ein Gebirge liegen. Es zeigte ein merkwürdig abgeflachtes Panorama, ohne eigentliche Gipfel.« Für dieses Land hatten die Heimischen die prosaischen Namen »Heide über Schandau« oder »Meißnisches Oberland«. Als die zwei aber nun hineinfuhren in jenes Stückchen sächsischer Erde, erinnerten sie die Felsformationen und Berge an die Gipfel, von denen sie herkamen, und sie nannten die Gegend: Sächsische Schweiz.

Jene zwei Schweizer, Anton Graff und Adrian Zingg, hatte der Diplomat und Chef der Kunstakademie Dresden, Christian Ludwig von Hagedorn, an seine Schule berufen, und die Künstler waren gekommen, doch saßen sie nicht nur in den Ateliers und Studierstuben. Sie gingen hinaus. »Einer der ersten gemeinsamen Ausflüge in die Sächsische Schweiz dürfte Anton Graff und Adrian Zingg noch etwas länger in Erinnerung geblieben sein. Die beiden Freunde machten Ende August 1766 einen Ausflug in die Umgebung von Dresden. Adrian Zingg zeichnete bei dieser Gelegenheit Prospekte von der Festung Königstein. Dies kam einigen Ordnungshütern wohl verdächtig vor, und sie verhafteten die beiden Schweizer. Das Missverständnis scheint sich dann aber schnell aufgeklärt zu haben, denn weitere Folgen blieben offenbar aus.« Persönlich hatte diese Affäre keine Konsequenzen, der Name aber, den die zwei Künstler kreiert, der blieb.

Auch einen anderen Schweizer, Literaturnobelpreiskandidat und Naturbursche Peter Rosegger, zog's in die Landschaft. Er fand zur Ursache all dieser Schönheit: »Wenn es einmal Riesen gegeben hat – und daran zweifle ich nicht, denn meine Großmutter hat es oft gesagt – und wenn diese Riesen auch geschmackvolle Künstler gewesen sind, dann kann ich mir die Sächsische Schweiz erklären. Da werden sie einmal zueinander gesagt haben: ›Was doch dieses Land an der Elbe so öde und leer ist! Wie nimmt sich dagegen da oben das Salzburger Land und die Steiermark und die Schweiz so prächtig aus, da stehen neben den grünen Wiesen und den blauen Flüssen und Seen die großen Berge mit dunkeln Hochwäldern und grauen Felswänden! – Wäret ihr alle dabei, wenn wir hergingen und uns auch so etwas bauten?‹ Und wahrhaftig, sie gingen her, brachen die Felsmassen von den südlichen Alpen und vom näheren Riesengebirge und schleppten sie hinab an die Elbe und legten sie an beiden Ufern derselben übereinander und bauten Wände und Türme und nebenhin an den kleineren Bächen bildeten sie Schluchten mit Zacken und Hörnern und Höhlen und allerhand sonderbaren Gestalten. Dazwischen ließen sie aber tiefe dunkelgrüne Täler frei und neben und an und über den Felsen pflanzten sie Laub- und Nadelwälder, und hinter denselben, in Schluchten, errichteten sie Wasserfälle und gruben Tiefen in die Unterwelt. Und nun hatten die Riesen an der Elbe eine Gebirgswelt und Wildpracht, wie sie die vielgerühmte Schweiz hat, da oben hinter dem Rhein. Die Schweiz ist zwar schön in ihrer Großartigkeit, aber ihre Großartigkeit ist gar nicht mehr bequem für den Menschen; die Natur scheint dieses Land auch gar nicht für den Menschen gemacht zu haben, sondern für sich selbst. Das Bergland an der Elbe aber hatte die Schönheiten der Natur mit dem Ebenmaß der Kunst vereinigt; es war eigentlich eine ungeheuere Bildhauerarbeit. Und dazu war das Bergland ganz für den Menschen zurechtgelegt; es war ein Steingebirge, aber deshalb nicht unfruchtbar, es war eine wildromantische Felsenwelt, aber deshalb nicht unzugänglich. – Und eben aus diesen letzten Umständen ist zu schließen, dass die Schweiz an der Elbe von kunstfertiger Hand, Menschenhand der Riesen, gebaut worden ist.« Rosegger hat's »wohlgetan in diesem sächsischen Kleinalpenländlein« wie vielen anderen auch.

Kein Zweifel: Riesen müssen an der Erschaffung dieser Welt mitgewirkt haben. Und ein jeder der von ihnen hingewürfelten Steine erzählt seine eigne Geschichte. So ist die Rübezahlkeule zu finden, auch der Herkuleskopf, Golem und, selbstredend, ist einer der Würfel geblieben. Saurierknochen, ganz klar, das Urvieh, ein Bonbon, und Heini und David, der Lausbub. Einer hat seinen Eckzahn verloren, ein anderer den Knöchel und einer den Enkel, und einer hat hier seine Narrenkappe vergessen. Auch riesige Wächter über Natur und Schönheit stellten die Riesen hinein: den Rauschentorwächter, den Stiegen-, Kipphorn- und Heringsgrundwächter, den Steinloch-, Pumpen- und Kulissenwächter. Ein Mönch ist zu finden und auch die Nonne, der Muselmann und der Eunuch, gar der Papst und Satan selbst. Frosch, Unke, Ratte, Maus, Haselmaus und Schildkröte, Elefant, Drohne ließen die Riesen in riesigem Ausmaß zurück, selbst Zwerg, Knabe und Rumpelstilz haben hier Höhe. Dornröschen und der Backfisch, das Mädel, könnten Geschichten erzählen und Barbarine im Massiv der Pfaffensteine.

Dieser 42,7 Meter hohe Stein sei das »immerwährende Mahnmal eines Strafgerichts, nach welchem es geschehen seyn soll, daß eine Mutter ihre Tochter Barbarine sonntags habe heißen, in die Kirche gehen, die Tochter aber sey währender Kirche auf den Pfaffstein in die Heydelbeere gegangen, und als sie die Mutter daselbst angetroffen, habe sie die Tochter im Zorn verwünschet, daß sie müsse auf der Stelle zum Stein werden; worauf solches augenblicklich also geschehen, und daher diese zum Stein gewordene Jungfer auf immer allhier stehe und mit ihrem Steinbilde alle ungehorsamen Kinder warne.« Andere wissen: Barbarine hätte hier versteckt im Fels ihren Geliebten getroffen.

Lange Zeit galt sie als unbezwingbar: Überhänge und Risse erschweren ihre Besteigung. Erst 1905 gelang es Kletterer Felix Wendeschuh, bis zum Spaltenende vorzudringen. Den Erzählungen nach soll ihn der Wirt Pfaffenstein mit der Androhung einer Strafanzeige zur Umkehr genötigt haben. Auch die Athleten Rudolf Fehrmann und Oliver Perry-Smith verwehrten sich den endgültigen Draufstieg: Sie waren zu erschöpft, um zum Gipfel zu kommen. Fakt ist aber: 1905 gilt als Jahr von Barbarines Erstbesteigung. Zu dieser Zeit waren selbst der Mont Blanc und das Matterhorn nicht mehr jungfräulich. Wetterunbill ließ den Felsen fortschreitend erodieren. Bereits 1946 verfestigte man ihn mittels Beton. Stahlseile sichern den gesprengten Kopf. 1975 verbot man die Besteigung der Barbarine. Ihren Anblick darf ein jeder genießen.

Apropos: Die erste öffentlichkeitswirksame Bergbesteigung in der Sächsischen Schweiz gelang Sebastian Abratzky am 19. März 1848: Der achtzehnjährige Schornsteinfeger befand sich auf der Walz. Seit je begeistert von der Festung Königstein, musste er erfahren, dass Besucher zum Eintritt einen Taler und zehn Neugroschen zahlen müssen. »Da er kein Geld hatte, kletterte er an der fast durchgehend senkrechten Sandsteinwand in einer hohen Felsspalte zur Festung hoch. Nach anderthalb Stunden stieg er mit letzter Kraft über die Brustwehr. Gerade läuteten die Kirchenglocken der Stadt zu Mittag. Die Wache nahm ihn fest und führte ihn vor den Kommandanten, welcher ihn einen halben Tag in den Arrest steckte. Dann entließ er ihn aus der Haft und wies ihn in seinen Geburtsort Mahlis zurück. Abratzky behauptete später, er sei wegen seines verwegenen Streichs 12 Tage arretiert gewesen.« Natürlich: eine Legende.

ⓘ Berggaststätte *Pfaffenstein* mit Blick zur Barbarine: Pfaffensteinweg 1, 01824 Königstein
Festung Königstein: 01824 Königstein
Peter Rosegger: *Fremde Straßen. Der Waldbauernbub unterwegs in der Welt.* Leipzig 1913.

Die Legende vom Verbrechen des Jahrhunderts

A merika, Europa, die Welt war erschüttert: »Entführung des kleinen Lindbergh«. Die Tat war am 1. März 1932 geschehen. »Die Spätausgaben der Morgenblätter widmen der gestern Nacht erfolgten Entführung des übrigens 20 Monate alten Sohnes Lindberghs auf ihrer ersten Seite Beschreibungen aller Einzelheiten der Entführung. Das Kind war zur gewohnten Zeit 19.30 Uhr zu Bett gebracht worden. Als dann jemand um 22 Uhr nach ihm sah, war es aus dem Schlafzimmer verschwunden. Der Raub erfolgte in dem neuen Wohnsitz des berühmten Fliegers, in dem Hügelland von Hopewell (New Jersey). Das Haus liegt einsam und weit entfernt von den Verkehrsstraßen.« Spuren keine, nur eine Leiter lehnt an der Hauswand vor dem offenen Kinderzimmerfenster. Es meldet sich der Täter und verlangt 50.000 Dollar, wenn Charles Lindbergh seinen Sohn lebend wiedersehen will. Die bislang größte Fahndung der US-Geschichte beginnt. Die Welt nimmt Anteil am Verbrechen des Jahrhunderts.

Charles Lindbergh ist einer der wenigen Helden, die ob ihrer persönlichen Leistung grenzenlos geliebt wurden. Sein Nimbus ist verblasst, doch im Bewusstsein ist er geblieben. Lindbergh hatte des Menschen Mögliches gewagt: Sein Leben nicht schonend, setzte er sich am 20. Mai 1927 ins Flugzeug *Spirit of St. Louis* in New York, und nach 33 ½ Stunden landete er ohne Zwischenstopp sicher auf dem Flughafen Paris-Bourget. Seitdem steht er im Interesse der

Medien und des Publikums, auch in diesen schweren Stunden.

Die besorgten Eltern zahlen ohne Diskussion die gefordert hohe Summe. Die Nummern der Scheine notiert das FBI. Die Welt hofft auf das Happy End. Doch zu aller Schrecken findet man das Baby 72 Tage später, keine zwei Meilen von Hopewell entfernt. Der Junge war noch am Tag seines Verschwindens ermordet worden. Die Todesursache ist aufgrund starker Verwesung nicht mehr festzustellen, »eine Schädelfraktur durch äußerliche Gewalteinwirkung« sei anzunehmen. Agatha Christie nutzt diesen Fall als Folie für ihren Welterfolg *Mord im Orientexpress*. Der Roman erscheint im Januar 1934, bevor man einen Täter überführt. Erst im September 1934 kommt es zu einer Verhaftung. Die Kassiererin eines New Yorker Kinos hat den Schein des Eintrittsgelds mit den polizeilich gesuchten Nummern abgeglichen und so den Täter überführt: Bruno Richard Hauptmann. Er ist ein Emigrant aus Sachsen, der in der neuen Welt sein Glück zu finden hofft. Er leugnet vehement die Tat, doch finden Kriminalbeamte in seiner Wohnung Holz der Leiter, die an Lindberghs Villa lehnte, und auf dem Küchenbord ein Päckchen Geld. Es ist ein Gutteil der Erpressersumme, die Nummern beweisen es eindeutig. Den Prozess verlegt man aufgrund des öffentlichen Interesses in die Provinz: Flemmington, New Jersey. Aufgrund der Indizien spricht das Gericht Bruno Richard Hauptmann schuldig. Zweifel an der Rechtmäßigkeit dieses Verfahrens gibt es sofort. Am 3. April 1936, 20.45 Uhr vollstreckt die Justiz das gefällte Todesurteil.

Bruno Wilhelm Hauptmann wurde am 28. November 1899 in Kamenz geboren. Er erlernte den Beruf eines Tischlers, diente im Ersten Weltkrieg als Soldat an der Westfront und wurde mehrmals verwundet. Zunächst fand er eine Anstellung als Fabrikarbeiter in Chemnitz. Dann wurde er entlassen und blieb, wie viele seiner Kameraden im neuen Deutschland, arbeitslos. Hauptmann wurde kleinkriminell. Raub, Einbruch und Diebstahl brachten ihm fünf Jahre Gefängnis, vier saß er ab. Als er danach erneut festgenommen wurde, floh er aus der U-Haft. »Beste Grüße an die Polizei« hätte auf einem in der Zelle hinterlassenen Zettel gestanden. Dann wollte Bruno Hauptmann raus aus Deutschland. Seine Überfahrt in die Vereinigten Staaten erfolgte illegal, der dritte Versuch mit falschen Papieren gelang. Unter den Immigranten fand er Freunde mit gleichem Schicksal, unter anderem Isidor Fisch, Sohn eines Leipziger Pelzhändlers, und Anna Schöffler aus Markgröningen, Württemberg. Bruno Hauptmann heiratete sie. Er arbeitete als Zimmermann, sie in einer Bäckerei, in der New Yorker Bronx nahmen sie Zimmer. Im September 1934 wurde er verhaftet. Doch trotz der Beweise: Bruno Hauptmann leugnete und erzählte seine Version, wie er zu dem Gelde kam. Er habe dieses Geld für seinen Freund Isidor Fisch nur aufbewahrt, der betrieb wohl illegalen Handel mit Pelzen und andern Dingen mehr. Aber jener Isidor war am 29. März 1934 in Leipzig an der Schwindsucht verstorben. Ihn konnte niemand mehr befragen. »Mein Gott, mein Gott, wo gibt es Gerechtigkeit in der Welt?«, klagte Hauptmann. Seine Memoiren, die er im Gefängnis schrieb, avancierten damals zu einem ähnlichen Bestseller wie Agatha Christies *Mord im Orientexpress*.

Die Geschwister Hannah und Pinkus Fisch werden zum Sensationsprozess nach Flemmington geladen. Denn Pinkus hatte nach dem Tod des Bruders wegen etwaiger Außenstände bei Bruno Hauptmann angefragt. »Ich schlug drei Wege vor, den Nachlass zu ordnen. Er solle selbst herüberkommen, um alles in die Hand zu nehmen, wobei ich ihm, so gut wie es ginge, helfen würde. Falls sein Geschäft keine längere Abwesenheit von Deutschland zuließe, solle er mir alles Nötige schicken und mir notarielle Vollmacht geben. Oder er würde die ganze Angelegenheit einem Rechtsanwalt übergeben. Von letzterem Vorschlag riet ich ab, weil am Ende nicht viel übrig bleibt, wenn die Sache den Rechtsanwälten übergeben wird.« Quittungen besaß weder Pinkus Fisch in Leipzig, noch hatte Bruno Hauptmann für die Pelzgeschäfte Unterlagen.

»Und so sitze ich hier, zehn Fuß vom elektrischen Stuhl entfernt, und wenn nichts getan werden kann, um mir zu helfen, wenn nichts getan werden kann, um jemanden dazu zu bringen, die Wahrheit zu sagen über die Art und Weise, wie die gegen mich verwendeten Beweise beschafft wurden, oder wenn nicht jemand die Wahrheit über jene sagt, die tatsächlich an diesem Verbrechen beteiligt waren und es begangen haben, werde ich mich nächsten Dienstagabend um acht Uhr als Antwort auf den Ruf meiner Wärter zum letzten Mal von meiner Pritsche erheben und werde jene letzte Meile gehen; ich werde durch die Tür gehen, die ständig vor mir war – die Tür, die diese kleine Welt, in der ich gelebt habe, in zwei Teile spaltet: den Teil, der das Leben beherbergt, und den Teil, der nur in die Ewigkeit führt. Ich vermute, es werden einige in der Kammer anwesend sein, die einen Anteil an der Vorbereitung für die Strafverfolgung in meinem Fall hatten. Ich bin fest davon überzeugt, dass ihr Leiden, ihre Qual größer sein wird als meine. Meine wird sofort vorbei sein. Ihre wird so lange andauern, wie das Leben selbst dauert.«

Viele Fragen hat der Hauptmann-Prozess nicht beantworten können. Die Witwe kämpfte bis zum Lebensende um die Unschuld ihres Mannes. Freunde setzen bis heute das Rehabilitationsverfahren fort. Unglücklich auch das

Schicksal von Isidor Fischs Geschwistern. Vom Prozess nach Deutschland zurückgekehrt, fällt die Familie unter die Nürnberger Rassengesetze. Ihre Spuren verlieren sich in den Konzentrationslagern Bardejow und Auschwitz. Das Grab Isidor Fischs befindet sich auf Leipzigs Neuem Jüdischen Friedhof.

ⓘ Geburtshaus von Bruno Hauptmann: Bautzner Straße 64, 01917 Kamenz
Elterliches Wohnhaus von Isidor Fisch: Industriestraße 45, 04229 Leipzig
Neuer Jüdischer Friedhof Leipzig: Delitzscher Straße 224, 04129 Leipzig
Agatha Christie: *Der rote Kimono*. München 1955.
Das Verbrechen des Jahrhunderts (1996). Regie: Mark Rydell.
Roland Dantz, Frank Oehl: *Jahrhundertverbrechen. Bruno Richard Hauptmann und die Entführung des Lindbergh-Babys*. Dresden 2014.

Die legendäre ostdeutsche Agatha Christie

Vielleicht spielt auch eine Rolle, dass ich mich oft gefragt habe, warum hat denn der Wolf die Großmutter gefressen? Vielleicht waren für den Wolf dürre Zeiten angebrochen. Warum tötet die böse Fee mit einer Spindel das Dornröschen? Sie war zum Fest nicht geladen worden. Wie muss sie das erbost, gekränkt, gedemütigt haben. Wie oft werden Menschen hintangesetzt, ungerecht behandelt, verletzt und beleidigt und wollen sich bemerkbar machen oder rächen sich durch eine Untat. Es reizt mich, dahinterzuschauen, wie, wo und warum das Böse entsteht«, beantwortete die Bestsellerautorin Tom Wittgen die Frage, warum sie Kriminalromane schriebe. Ihr gehe es darum, »den Zusammenhang von Verbrechen und Gesellschaft aufzuzeigen«.

Es hat seine Zeit gedauert, ehe der Sozialismus begriff, dass die Verbrechen auch seiner menschlichen Gesellschaftsordnung innewohnen. Zunächst waren die Ideologen davon ausgegangen, dass es auf dem Weg zum Kommunismus bald keine Gesetzesverstöße mehr gäbe, Verbrechen zum eigenen Vorteil, Gier und Hass und Eifersucht waren Reste einer überkommenen Staatsform. »Die Welt als Wille und Vorstellung«, die Diskussionen wurden heiß und erbittert geführt: »Der Krimi bedarf der Kriminalität, der moderne Krimi der entwickelten Kriminalität; aber die Kriminalität entwickelt sich, wenn überhaupt, allenfalls in der spätbürgerlichen Gesellschaft – man mag das als Mensch begrüßen, man vermag es jedoch nicht zu ändern«, resümierte Hasso Mager (*1920 in Chemnitz; †1995 in Dresden).

Folgerichtig suchen die Kriminalromane der frühen DDR die Täter im alten Gesellschaftssystem, deren Reste zweifelsohne existierten, und präsentieren als Täter versteckte Nazi-Mörder, westliche Agenten, Saboteure des sozialistischen Aufbaus, unmenschliche Relikte eines unmenschlichen Systems. Mehr noch: Die Autoren ließen gleich die Mordshandlung als ideologische Keule beim Klassenfeind im westlichen Ausland spielen.

Der über jeden Zweifel erhabene Emigrant und Kommunist Fritz Erpenbeck (*1897; †1975) besaß genügend Einfluss und Reputation, seine Kriminalgeschichten im realen Sozialismus anzusiedeln. »Solange die Kriminalität lebt, solange wird der Kriminalroman leben.« Deshalb wandelte sich zum Ende der 1960er Jahre der Fokus im Genre hin zu DDR-eigenen Verbrechen. In jener Neubesinnung betrat Tom Wittgen die kriminalliterarische Bühne und wirkte auf ihr bis in die Nachwendejahre mit großem Erfolg. Ihre Romane erschienen in Millionenauflage und trotzdem waren sie Bückware und standen selten in den Verkaufsregalen des Buchhandels. Der Name ist Pseudonym: Tom steht für einen männlichen Autor, unter solchem Namen liefen die Krimis jener Jahre einfach besser (heute legen sich männliche Autoren weibliche Pseudonyme zu). Wittgen steht für den Geburtsort der Autorin: Wittgensdorf.

Ingeburg Siebenstädt wurde am 28. April 1932 in Wittgensdorf, nahe Chemnitz (heute eingemeindet), geboren, dort ging sie zur Volksschule, danach besuchte sie das Seminar für soziale Frauenberufe in Chemnitz. Ihr Abitur legte sie auf der Arbeiter-und-Bauern-Fakultät in Leipzig ab. An dortiger Universität studierte sie erfolgreich Germanistik. Danach arbeitete sie als Rundfunkjournalistin und Lektorin. Beim auf Krimis spezialisierten Verlag Das Neue Berlin betreute sie unter anderem die »Blaulicht«-Reihe mit Kriminalerzählungen von 30 bis 60 Seiten Länge. Als Nummer 80 erschien 1967 darin ihre erste eigene Veröffentlichung: *Der Überfall*. Eine junge Frau wird angeschossen und ausgeraubt. Die Ermittlungen legen nicht nur persönliche Verfehlungen bloß, sondern auch Missstände im sozialistischen Produktionswettbewerb. Der Kaderleiter »bildet sich etwas darauf ein, nur mustergültige Kollegen eingestellt zu haben, da finden Sie keinen, der auch nur ein Stäubchen auf der Weste hat; wenigstens sieht man keins. Einige, die manchmal bummelten oder zu spät kamen, wurden nicht erzogen, sondern auf geschickte Art aus dem Betrieb vermittelt. Nun stellen Sie sich vor, in diesem Musterbetrieb findet sich ein schwarzes Schaf, das beinahe verurteilt worden wäre und das auf Bewährung lebt. Nein, da hat er alle Register seiner Einstell- und Rausschmeißkunst gezogen und hat gesiegt. Übrigens führt er jetzt das Beispiel bei jeder unpassenden Gelegenheit an, so ungefähr in der Art: Von leichtlebigen, charakterlosen Menschen hält man sich lieber fern, denn sie können den Pflichtbewusstesten in Gefahr bringen und zu ungesetzlichen Handlungen verleiten. Von Hilfe und Erziehung war da keine Rede, er hat jeden aus dem Betrieb heraus- oder hereindiskutiert, je nachdem wie es ihm passte.«

Die staatliche Zensur bei Unterhaltungsmedien war nicht so penibel wie bei sogenannter »hehrer Kunst« und »hoher Literatur«. So geben Kriminalromane (vor allem in den 1980er Jahren) ein getreulich Bild der DDR: Schlamperei, Alkoholismus, egoistische Verhaltensweisen bis hin in staatliche und Parteiorganisationen. Viele der Krimis von Tom Wittgen (manche unter den weiteren Pseudonymen Alexander Andreew und Siegfried Burg oder unter eigenem Namen) fraßen sich dem Leser ins Gedächtnis. Der erste Roman *Der zweite Ring* (1970) schildert Nachkriegskriminalität und Neuanfang. *Das sanfte Mädchen* (1975) entdeckt die doppelte Rechnungsführung ihres Abteilungsleiters im Centrum-Warenhaus und muss sterben. Verfilmt als »Polizeiruf 110«: *Doppeltes Spiel* (1978). Rolf Hoppe gibt den Mörder. Eine *Tiefenprüfung* (1978) legt ein mehrstufiges Betrugssystem im Einzelhandel offen. *Das stille Haus* (1985) ist eine stille Emanzipationsgeschichte. Der *Schatten im Grün* (1975) vollzieht die Ermittlungsarbeit eines wahren Chemnitzer Verbrechens nach. Persönlicher Ehrgeiz tötet *Die kleine Bell* (1976). Und *Die letzte S-Bahn* (1988) bietet einem Obdachlosen Wärme und Geborgenheit.

Es ist kein geschöntes, es ist wahres Abbild des Arbeiter-und-Bauern-Staates, das die Autorin zeichnet. Vielleicht auch deswegen wurden ihre Geschichten viel gelesen, auch im sozialistischen Ausland erschienen ihre Bücher: Ungarn, Polen, UdSSR. *Spring über deinen Schatten* (1983) erschien auch in der Reihe der »rororo-thriller« (1985). Auch das brachte Tom Wittgen den Ehrennamen »Agatha Christie des Ostens« ein. Die Gilde deutscher Kriminalschriftsteller ehrte sie mit einem »Ehrenglauser« (1994) fürs Lebenswerk.

Auch anderen Genres wandte sich die Autorin zu: Kinderbüchern, historischen und Abenteuerromanen. Mehrere Filme entstanden nach ihren Drehbüchern. Sie war eine scharfe Beobachterin der DDR und blieb es auch im neuen Deutschland. *Blue Dream – Tod im Regen* (1993) schildert, wie in Wendewirren eine ostdeutsche Kleinstadt zum Eldorado dubioser Geschäftsleute wird. *Crossbody* (1996) blieb Unikat eines »Wrestling-Krimis«. Und Tom Wittgens Serienheld Oberleutnant, später Hauptmann, noch später Kommissar Karl Simosch ermittelt letztmalig im *Rotlicht* (1998) eines Sachsensumpfes und in Leipzig: »Sehen Sie sich diesen Toten an! Er wurde von Schrotkugeln durchlöchert, und zwar als er das tun wollte, was ihm mehr galt als Bodybuilding und Mode! Er wollte einen vergnügten Abend, schöne Frauen, Entspannung, Spaß. Aber um solch einfacher, menschlicher Dinge willen muss man in dieser Stadt sein Leben riskieren!«

ⓘ Tom Wittgen: *Der Uhu schaut ins Wodkaglas.* Berlin 1970.
 Tom Wittgen: *Ein bisschen Alibi.* Berlin 1973.
 Tom Wittgen: *Staatsjagd.* Hamburg 1992.
 Tom Wittgen: *Rotlicht.* Düsseldorf 1998.

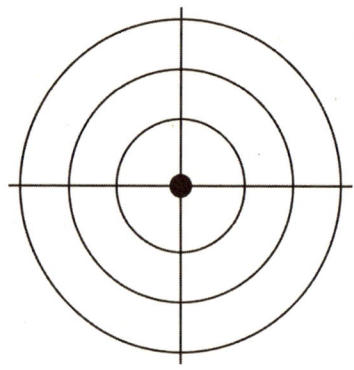

Die Legende vom todbringenden Höllenvieh

Das Haus steht prächtig An den Fleischbänken Nummer 7 und beherbergte einst den Bürgermeister zu Bautzen: Christian Gotthelf Marche regierte 1752 bis 1764. Doch am 27. April des Jahres 1757 machte das herrliche Gebäude eine Explosion dem Erdboden gleich. Die Historiker meinen, dass Preußen im Siebenjährigen Krieg in den Mauern Waffen und Schwarzpulver lagerten und unachtsam damit umgingen, so dass sich das Feuerwerk entzündete und die Gewölbe einstürzen ließ. Selbst aus den Nachbarhäusern flogen Türen und Fenster. Menschen kamen zu Schaden. Das ist eine sehr profane Erklärung für das Geschehen. Es hat nämlich ein Narr, behängt mit lauter Spiegeln, die Stadt vor des Teufels Kreatur, die hier hauste, gerettet.

Die Bewohner von Bautzen mieden schon lange die Straßenecke der Schülergasse an den Fleischbänken, denn seit einiger Zeit vernahm man schreckliche Laute aus den Kellern des Hauses: schauriges Kratzen und Klopfen und Fauchen. Manchem war das Blut ob dieser Geräusche gefroren, und man fragte, was wohl die Ursache des Grusels sei. Die Eigentümer hatten das Gebäude längst schon verlassen, neu vermietet war es nicht worden. Und nun erhoben sich die Gerüchte, ein Basilisk habe darinnen Quartier genommen. Einige meinten, das Urviech der Hölle bereits gesehen zu haben. Bautzens Bewohner beratschlagten, wie man wohl Wahrheit über dessen Existenz erlangen könnte. Aber kein Held war bereit, das Haus zu betreten und selbst zu schauen, notfalls zur Waffe zu greifen und im Dienste der Sache und zum Wohle des Volkes sein Leben aufs Spiel zu setzen. Mit einem Basilisken zu kämpfen, brachte den sicheren Tod, wussten die Gelehrten seit der Antike. Nun saß einer der Spezies hier in der Lausitz im beschaulichen Bautzen und schreckte die Leute. Ein Unding!

Das Unding handelte selbst und sprang hinaus aus dem Keller auf die staubige Straße und stand mitten im Weg. Die aus der Abendmette heimkehrende Bürgerschar erstarrte im Schreck und beglotzte das unheimliche Vieh: Sein Körper glich dem eines Huhnes. Auf seinem kleinen Kopf trug es eine rotgüldene Krone. Der Schnabel jedoch war übergroß wie beim Adler, der schien säbelscharf. Kohlrabenschwarz war der Schlund. Solchem Etwas wollte kein Mensch zu nahe kommen, es verhieß Tod. Mehr noch war an der Kreatur kreuzgefährlich: All seine Haut war mit giftigen Stachelborsten bedeckt. Die Klauen ähnelten jenen riesiger Katzen. Wie spitze Messer schnitten sich die Krallen durchs Straßenpflaster, und Funken stoben bei jedem Schritt. Auf seinem sehr langen Eidechsenschwanz standen die Borsten förmlich zu Berge und sahen Giftpfeilen ähnlich. Und wenn die großen Drachenflügel um sich schlugen, verursachten sie solch einen Luftzug, der die Leute umfallen ließ. Alles in allem: eine einzige Todesmaschine. Und diese tötete allein schon durch ihren Blick. Die smaragdgrünen Augen funkelten wie feingeschliffene Diamanten in allen Farben des Lichts. Der Blick der schwarzen Pupille durchstach Menschenherzen wie Messer die Butter. Das bekam ein herrenlos streunender Hund am eigenen Leibe zu spüren, denn er wagte sich mutig aus der Masse hervor und stellte sich allein dem Höllenvieh entgegen und bellte. Die Menge sah, wie der Basilisk aufs Hundchen zusprang und fauchte. Das Tier jedoch wich nicht vor der Todesgefahr, es knurrte und kläffte und baute sich zähnefletschend vorm Monster auf, hob gar die Pfoten, als wollte es schlagen. Mit einem Mal blitzten die Augen des Basilisken hell auf. Die ganze Straße erstrahlte in grünem Licht. Geblendet versuchten die Menschen, ihre Augen mit den Händen zu schützen. Es half wohl. So schnell wie er kam, war der Spuk auch vorbei. Vorsichtig, durch die Finger erst lugend, öffneten die Erschrockenen die Augen. Und was mussten sie sehen? Das Untier war wohl verschwunden, aber die Straße nicht leer: Der mutige Hund war zu festem Gestein geworden, an dem nicht zu kratzen war. Und im Eckhaus an den Fleischbänken begann es erneut, zu rumoren, zu poltern, zu fauchen. Das Untier hatte die Stadt nicht verlassen.

Nun beratschlagten die Bautzner Ratsherrn, wie dieser Spuk zu beenden sei. Einen Basilisken hatten Demokrit, Plinius, Hildegard von Bingen längst schon beschrieben: »Er schlüpft aus dem Ei eines alten Hahnes oder aus einem dotterlosen Hühnerei, das von einer Kröte, einer Schlange oder im Mist ausgebrütet wird. Sein stinkender Atem ist unerträglich und sein Blick versteinert. Das Ungeheuer haust in Brunnenschächten und Kellern.« In den Methoden zu seiner Vernichtung widersprachen sich die Gelehrten. Ein Wiesel ihm unterzuschieben, sei am ehesten seinem Ableben zuträglich. Alle Versuche der Bautzner damit jedoch waren zum Scheitern verurteilt. Auch eine stattliche Anzahl wackerer Recken, die als Held in die Stadtgeschichte eingehen wollten, meldete sich nach dem Hilferuf bei den Ämtern. Die Beamten genehmigten gern die Abschlachtung. Und so zogen alle Helden hin zu dem Haus und ließen ihr Leben: Einige versteinerten wie der Hund, andere erstickten am giftigen Aushauch des Biestes. Rettung schien Bautzen nimmer möglich, und so wurden am Gebäude alle Türen und Fenster, jede winzige Öffnung mit

Steinen verstellt und mit Brettern vernagelt. Die Nachbarn waren längst aus ihren Häusern gezogen. Die Bautzner nahmen gern alle Umwege in Kauf und umliefen die Ecke. Zeit verging. Der Basilisk blieb und die Angst. Da erschien eines Tages ein junger Mann bei den Honoratioren der Stadt und versprach, die Höllenqual bereits am nächsten Tag beenden zu können. Die Ratsherren rieten vom Plan ab, denn das Vorhaben brächte ihm sicher den Tod. Doch der Recke wollte diese Heldentat tun und war sich seines Erfolgs gewiss. Schweren Herzens genehmigten die Stadtväter den Kampf auf Leben und Tod. Schnell sprach sich die mögliche Befreiung herum, und die Schaulustigen wagten sich an die fürchterlichste Stelle der City. Als der Wagemutige vor ihnen erschien, glaubte ein jeder, seinen Augen nicht trauen zu können: Der Held kam ohne jegliche Waffe, er trug kein Schwert, keine Lanze, kein Schutzschild. Ein Scharlatan! Ein Witzbold! Der Mann hatte seinen ganzen Körper mit Spiegeln unterschiedlichster Größe behängt. Manche waren aus poliertem Metall, andre aus Glas, wie eine Diskokugel schritt er daher. Welche Blamage! Welch Unbill! Im Haus nämlich begann das Biest, zu rumoren. Sein Fauchen hallte schon durch die Gassen. Es rüttelte an den vernagelten Fenstern. Ekliger Geruch machte sich breit. Der offensichtlich Verwirrte näherte sich klimpernd dem Hause des Schreckens und rief das Monster: »Stellt Euch dem Kampfe!« Es polterte, und das Mistvieh durchbrach sämtliche Absicherungen, erschien auf der Straße. Die Menge wich. Der Held aber nutzte einen Moment seiner Unachtsamkeit und wischte ins Haus. Das Untier folgte dem Feind ins eigne Quartier. Durch die Türe sah man in den schwarzen Schlund, in dem sie verschwunden waren. Mitnichten war der Schrecken beendet, er strebte seinem Höhepunkt zu!

Im Hause entstand ein höllenbetäubender Lärm: Rumpeln und Poltern und Quieken und Schreien. Die Betrachter der unheimlichen Szene wussten: Das ist das Ende! Sie würden den jungen Mann niemals wiedersehen. Doch der erschien unversehrt in der offenen Tür und blickte zum Himmel und nickte: »Genau jetzt ist der richtige Augenblick!« Die letzten Strahlen der Sonne trafen auf die Spiegel an seinem Leibe. Und plötzlich gab es im Hausinnern eine gewaltige Explosion. Das Höllenvieh hatte sich selbst in den Spiegeln erblickt: Das Monster erstarrte zu Stein. Mit seinen eigenen Waffen ward es geschlagen und prasselte nun als Steinregen auf die Bewohner. Sie klaubten die Kiesel vom Boden auf und dachten, die brächten Glück. In manchem Haus mögen sie wohl als Nippes heute noch im Schrank liegen.

Dem Bürgermeister Christian Gotthelf Marche übergab man einen kleinen Rest vom zerbröckelten Monster. Er baute an besagter Stelle sein Wohnhaus neu. Es war noch prächtiger als das alte. Die Heldentat und des Höllentiers Tod hatte er nicht miterlebt, die Preußen hatten ihn zu jener Zeit als Geisel genommen. Aber nie wieder wurde ein Basilisk in der Lausitz gesehen.

ⓘ An den Fleischbänken 7, 02625 Bautzen

Der legendäre Hörsaal 40

Immer wenn der »parteilose Bolschewik« Vorlesung hielt, waren die über dreihundert Plätze im Hörsaal 40 besetzt. Sein Thema am 17. Dezember 1956: »Probleme bei der Fortentwicklung des Marxismus nach Marx«. Der international anerkannte Philosoph führte darin aus: »Auch das Beste kann durch ständige Wiederholung abgedroschen werden, kurzum: Der Marxismus ist per definitionem Erneuerung. Dazu gehört Mut, revolutionärer Elan, keine Routine, sondern materialistisch begriffene Hoffnung. Die Märtyrer des Marxismus sind nicht für ein Produktionsbudget gestorben.«

Sätze, die als Provokation und Angriff auf die Partei- und Staatsmacht verstanden wurden. Im Gegensatz zur Sowjetunion herrschte nach Stalins Tod in der DDR keine Tauwetterphase. »Was bei Heidegger die Angst, ist bei Sartre der Ekel. Im Ekel aber ist Kraft. Ihn zu überwinden, bedarf es der Résistance. Vorhanden ist, die Freiheit zu wählen. Faschismus ist die Unfreiheit schlechthin. Dagegen: Ich kann das Wählen wählen, mein Wollen wollen. Was hindert, wird in Seiendes aufgespalten, ins An-sich-Seinde. Für kleine Individuen bringt das ein wenig Licht in die Finsternis. Gesucht wird das Ethische. Was wir treiben, hat jedoch keinen Anschluss an die Welt. Unsere Freiheit der Wahl bedeutet: Wir können alles wollen und können, doch nichts erreichen. Eine Wahl, die inhaltliche Moral besitzt, ging gegen den Faschismus. Der wird am Ende mit dem Bolschewismus gleichgesetzt, das heißt, die Feinde werden verwechselt.«

Es war Ernst Blochs (*1885; †1977) letzte Vorlesung in Leipzig. Die Karl-Marx-Universität emeritierte den 72-Jährigen zu Jahresbeginn 1957 nicht aus Altersgründen. Fünf Jahre hielt Ernst Bloch sein Schweigen in der DDR noch aus. Nach seinem Besuch der Bayreuther Festspiele 1961 kehrte er nicht nach Leipzig zurück.

Jene letzte Vorlesung ist eine der Legenden aus dem Hörsaal 40 der Leipziger Universität. Er befand sich im Albertinum des Universitätsensembles, das war in der Bombennacht des 3. Dezember 1943 schwer in Mitleidenschaft gezogen worden. Einige Hörsäle wurden nach dem Kriege provisorisch soweit hergestellt, dass in ihnen der Lehrbetrieb wieder aufgenommen werden konnte. Hörsaal 40 war den Geisteswissenschaften vorbehalten. Bekannte und umstrittene Wissenschaftler und Autoren haben im Hörsaal 40 referiert. Bekannte und umstrittene Studenten haben ihnen im Hörsaal 40 zugehört und mitgeschrieben. Ein Ort geistiger Freiheit im sich verengenden sozialistischen Kultur- und Bildungswerk. Im Gedächtnis ist er allen, die darinnen saßen, auf Lebenszeit geblieben. Auch heute erfahren die Studierenden von den Legenden, die der Hörsaal 40 sich geschaffen.

Hermann August Korff (*1882; †1963), Literaturwissenschaftler, seit 1925 in Leipzig, verfasste das Standardwerk: *Geist der Goethezeit*, vier Bände (1923–1953): »Der Geist dieses neuen irrationalistischen Idealismus hat sich nun historisch in den mannigfaltigsten dichterischen und philosophischen, reineren und getrübteren, frühen und späten, vorläufigen und endgültigen Formen entwickelt, die in ihrer durch ungezählte individuelle Motive gebrochenen Vielgestaltigkeit ein das Auge zunächst verwirrendes Bild von Persönlichkeiten, Leistungen und Ideensystemen darbieten.«

Werner Krauss (*1900; †1976), Romanist: »Der Sozialismus bleibt einzige Lösung, trotz seiner Diskreditierung durch eine Praxis, die manche Ansprüche erfüllt, aber den Anspruch, der der Mensch ist, geflissentlich überhört und verleumdet.«

Hans Mayer (*1907; †2001), Literaturwissenschaftler und -kritiker, Mitglied der »Gruppe 47«, seit 1948 Professor in Leipzig: »Mein Ort war der Hörsaal 40«, kehrte nach einem Verlagsbesuch in Tübingen 1963 nicht in die DDR zurück: »Ein alter Mann kann nur von der Vergangenheit reden. Er sollte nicht über die Zukunft reden wollen, die nicht seine ist.«

Christoph Hein (*1944, ab 1967 Student in Leipzig) setzt ihm und jener Zeit im Roman *Verwirrnis* (2018) ein Denkmal: »Ich wollte die Namen Hans Mayer und Ernst Bloch nicht erwähnen, habe dann studentische Necknamen gewählt. Der eine heißt ›Goethe höchstselbst‹ und der andere heißt ›Hegel auf Erden‹.«

Hans Mayer holte Namen in den Hörsaal, deren Werk und Haltung in der Diskussion: Anna Seghers (*1900; †1983): »Eine Wirklichkeit ist uns aus den Büchern gekommen, die wir im Leben noch nicht gekannt haben.« Uwe Johnson (*1934; †1984), damals Student: »… weil sie schon vorher gewusst hatte, dass Freiheit nicht das Anderskönnen bedeutet, sondern das Andersmüssen.« Günter Grass (*1927; †2015): »Wenig, glaubt mir, ist bedrückender, als schnurstracks das Ziel zu erreichen.« Ingeborg Bachmann (*1926; †1973): »Aus einiger Entfernung betrachtet, schrumpft der gesunde Menschenverstand ein und sieht einem Gran Stumpfsinn zum Verzweifeln ähnlich.« Volker Braun (*1939), damals Student: »Alle Verhältnisse umzuwerfen, in denen der Mensch ein erniedrigtes, ein geknechtetes, ein verlassenes, ein verächtliches Wesen ist. Davon spricht, das meint die Literatur.« Willi Bredel (*1901; †1964): »Doch jeder muss sich sagen, an mir liegt es mit, wie lange es dauert, bis wir, die Arbeiterklasse, die Macht im Staate haben. Das Verhalten eines jeden einzelnen von uns ist mitentscheidend, ob es bald oder erst später sein wird. Nur wenn wir restlos alles dransetzen, werden wir alles gewinnen!« Peter Hacks (*1928; †2003): »Gott ist in der frühen Philosophie so unverzichtbar wie die Null in der Mathematik.« Christa Wolf (*1929; †2011), damals Studentin: »Ich kann in Gut und Böse die Welt nicht teilen; nicht in zwei Zweige der Vernunft, nicht in gesund und krank. Wenn ich die Welt teilen wollte, müsst ich die Axt an mich selber legen, mein Inneres spalten, dem angeekelten Publikum die beiden Hälften hinhalten, dass es Grund hat, die Nase zu rümpfen.« Hans Joachim Schädlich (*1935), damals Promovend: »Meine literarische Arbeit ist von Anfang an bestimmt von dem großen Thema Geist und Macht oder, wie ich es nenne, die Unmächtigen und die Mächtigen.« Fritz Rudolf Fries (*1935; †2014), damals Student: »Der Roman ist ein Ordnungsprinzip der Erinnerung.«

1952 wurde geplant, die alten Universitätsbauten mit dem Albertinum in ursprünglicher Architektur wieder aufzubauen. Doch beschlossen Stadtverwaltung wie das Rektorat unter der Persönlichkeit Georg Mayers (*1892; †1973) die Neugestaltung des Universitätskomplexes, wie es einer sozialistischen Großstadt angemessen schiene. Zur neuen Ansicht passten weder die mittelalterliche Paulinerkirche noch die angeschlagenen Prachtbauten des 19. Jahrhunderts. Ein Architekturwettbewerb wurde ausgeschrieben. Staatsarchitekt Hermann Henselmann (*1905; †1995) gewann. Das Stadtparlament beschloss mit einer Gegenstimme den vollständigen Abriss. Die Sprengung des Universitätsensembles mit dem legendären Hörsaal 40 erfolgte am 30. Mai 1968: »Obwohl solche Sprengungen im Zentrum einer Großstadt bestimmt keine einfache Sache sind, ist es zu keinen Schäden gekommen, weder an den Wohnungen noch an der benachbarten Oper – auch am gegenüberliegenden Hotel ›Deutschland‹ gab es keine Scherben an der breiten Fensterfront. Für eine solche Maßarbeit darf ich sicher auch in Ihrem Namen, liebe Leipziger, allen an dem Vorhaben Beteiligten Dank und Anerkennung aussprechen.«

ⓘ Wohnhaus Ernst Bloch: Wilhelm-Wild-Straße 8, 04229 Leipzig
   Wohnhaus Hans Mayer: Tschaikowskistraße 23, 04105 Leipzig
   Universität Leipzig: Augustusplatz 10, 04109 Leipzig

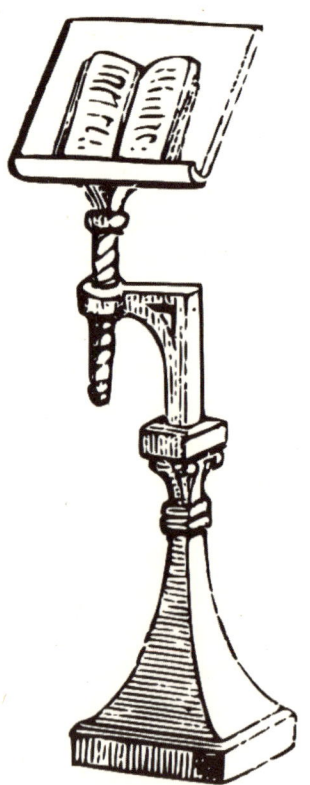

Die Legende vom Büchermörder

L eipzig nennt sich gern und ganz zu Recht: Buchstadt. Alljährlich werden die Besucherrekorde zur Buchmesse gebrochen. Alljährlich nimmt die Anzahl der Lesungen im Begleitprogramm zu. Alljährlich immatrikuliert das Deutsche Literaturinstitut Studenten, die das Talent zum Schriftsteller haben. Natürlich ranken sich ums Buch in Leipzig die Legenden.

1481 ward in der Stadt das erste Buch gedruckt. Der erste Buchmessekatalog wurde 1594 herausgegeben. Den Drucker Hans Hergot richtete man am 20. Mai 1527 auf hiesigem Markte hin, weil er aufrührerische Schriften druckte, nicht schrieb. Der Goethe'sche *Werther* kam als »Empfehlung des Selbst Mordes« bei Erscheinen 1775 auf den Index. Der Theologieprofessor Bruno Lindner schändete in den Bibliotheken alte Schriften, um die Illustrationen selbst zu besitzen. Westverlage ließen sich in Messezeiten bewusst und gern ihre Exemplare stehlen, weil die in der DDR einfach nicht zu haben waren. Und durch die Stadt zog 1812/13 ein Mörder, der fürs geraubte Geld nichts weiter als Bücher kaufte. Nach seiner Verhaftung standen in seiner Bibliothek mehr als 60.000 Bände: Mord aus Bücherwahn. Welch Mordmotiv! Sein Name ist Legende: Magister Johann Georg Tinius. Unzählige Geschichten wurden über ihn verfasst. Unzählige Geschichten erzählt man immer noch über ihn. Eine markante Gestalt habe er besessen: hager, groß gewachsen, und sein Mantel schleifte im Dreck, denn in der Tasche befand sich das Mordwerkzeug: der Hammer. So sei er in Postkutschen gestiegen und habe die Mitfahrenden beraubt. In Gasthäusern habe er den Hammer gehoben, damit der Wirt die Kasse öffnet. Die Mütter riefen die Kinder ängstlich von der Gasse: »Gommt nuff, Diniussen ist unterweeschs!«

»Johann Georg Tinius war in einem Dorfe der Niederlausitz als Sohn von Eltern niederen Standes im Jahre 1764 geboren; sein Vater war Aufseher königlich-preußischer Schäfereien. Bei seinem Großvater erhielt er die erste Erziehung. Beim Religionsunterricht bemerkte der Geistliche die vorzüglichen Anlagen des Knaben und verschaffte ihm die Möglichkeit, sich dem Studium zu widmen. Nachdem Tinius, durch die Mildtätigkeit guter Menschen unterstützt, sich auf der Universität Wittenberg durchgeholfen hatte, wurde er an mehreren Orten Hauslehrer.« Später Pfarrer. 1809 kam er als solcher nach Poserna bei Lützen. Er machte seinen Job sehr gut, und er veröffentlichte kleine Schriften. Über seinen Arbeitsplatz hinaus wurde der Pfarrer bekannt. Seine Predigten waren volksnah und verständlich. Man reiste von weither an, um ihn zu hören.

Johann Georg Tinius war zum zweiten Mal verheiratet, hatte drei eigene und drei Stiefkinder. Seine Frau brachte in die Ehe ein kleines Vermögen. Tinius gab es für Bücher aus. Von Scheune bis Stall, in fast allen Räumen seines Hofes standen Bücher, Bücher, Bücher. Und Tinius kaufte weiter ganze Bibliotheken. Und der Pfarrer fuhr oft nach Leipzig, um seltene Drucke und Handschriften zu ergattern. Dafür brauchte Johann Georg Tinius Geld. Immer mehr Geld. Viel mehr Geld, als er verdiente. Tinius hatte bereits hohe Schulden, doch von seinen Büchern konnte er nicht lassen: Bibliomanie! Bücherwahn!

Am 4. März 1813 wurde Johann Georg Tinius in Poserna verhaftet. Der angesehene Pfarrer stand plötzlich unter Mordverdacht. Eine Zeugin hatte ihn wiedererkannt. Das

Dienstmädchen Jette Schmidt war sich sicher, sie hatte Tinius in dem Hause gesehen, in dem ein Mord geschehen war. »Am Neumarkt wohnte vier Treppen hoch die fünfundsiebzigjährige Witwe des Briefträgers Kunhardt. Sie hatte am Morgen des 8. Februar 1813 bald nach acht Uhr ihr Dienstmädchen fortgeschickt, um aus einem Gewölbe eine Flasche zu holen. Als das Dienstmädchen nach Hause zurückkehrte, traf es auf dem Hausflur einen Magister, der ihr bekannt vorkam. Als sie oben ankam, fand sie die alte Kunhardt auf dem Vorsaale mit blutigem Kopfe in einem Winkel der Stubentür lehnen. Die Haube war ihr heruntergerissen, aus dem Kopf sickerte Blut, viel Blut. Die Verwundete sagte ihr, ein fremder Kerl, der ihr einen Brief gegeben hätte, habe sie so blutig geschlagen.« Jette Schmidt glaubte, den fremden Mann aus dem Hausflur schon einmal gesehen zu haben, und zwar in der Gastwirtschaft des Magisters Höpfner. Und wirklich hatte Pfarrer Tinius am Tattag bei Höpfner im Preußergässchen Quartier genommen. Für die Tatzeit morgens gegen neun Uhr versuchte er, Zeugen zu finden, die ihm ein Alibi geben konnten.

Mittlerweile lautet die Anklage gegen Tinius »Mord«, denn die Witwe Kuhnhardt ist im Hospital gestorben. Der Pfarrer ist der Tat dringend verdächtig und bleibt in Haft. Zumal ihm auch Diebstahl von Kirchengeldern nachgewiesen wird. Und der Mordverdacht verstärkt sich. Die Polizei entdeckt in seinem Hause zwei Hämmer. Der eine passt genau in die Wunden, die man dem Mordopfer geschlagen hatte. Und in einem der abgefangenen Briefe schreibt der Verdächtige: »Sollte ich etwa in die Schmidtsche Geschichte mit hineingezogen werden, sollte Magister Höpfner darüber befragt werden, so soll er sagen, wie ich ihm im eingeschlossenen Zettelchen geschrieben habe, wir müssen konform bleiben.« Welche »Schmidtsche Geschichte« kann der Tinius meinen? Einen weiteren Mord?

Zu Anfang des Jahres 1812 erregte ein Verbrechen in Leipzig allgemeine Aufmerksamkeit; der Eindruck auf die Bewohner der Stadt war umso schrecklicher, als aller Nachforschungen ungeachtet der geheimnisvolle Täter unentdeckt blieb. Hatte Pfarrer Tinius außer der Witwe Kunhardt ein Jahr vorher schon einmal getötet? Tinius selbst hatte die Verbindung zur »Schmidtschen Geschichte« erst hergestellt. Die daraufhin erfolgten Ermittlungen zeigen, wenige Tage nach dem Mord an Kaufmann Schmidt hatte Tinius alle seine Schulden bezahlt. Und der Kaufmann war ebenfalls mit einem Hammer erschlagen worden. Auch an diesem Tage weilte Johann Georg Tinius in der Stadt. Genug der Beweise, der Pfarrer wird angeklagt. Das Urteil: Zwanzig Jahre Haft. Achtzehn für den Mord an Witwe Kunhardt. Zwei für den Raub von Kirchengeldern. Im Mordfall Schmidt wird Tinius aus Mangel an Beweisen freigesprochen.

Im Zuchthause zu Zeitz wurde Tinius seinen Kenntnissen entsprechend mit Schreibarbeiten beschäftigt. Und dort hat er weiter an seinen Büchern geschrieben. Es wird berichtet, er habe gar ein Wörterbuch erstellt mit einer Sprache, die nie existierte. »Seine frühere Gemeinde zu Poserna, der nach seiner Entlassung die Verpflegung des ganz Verarmten oblag, scheute sich, ihn wieder in ihrer Mitte aufzunehmen, und verschaffte ihm auswärts auf ihre Kosten ein Unterkommen.« Fast zweiundachtzigjährig verstarb Johann Georg Tinius am 24. September 1846 in Gräbendorf, Preußen, und wurde dort beerdigt. Sein Grab allerdings wurde nach kurzer Zeit eingeebnet. Mordslegenden hat keiner gern auf seinem Friedhof liegen. »Wir sehen an dem schrecklichen Beispiel dieses Mannes, wie unglaublich tief ein Mensch sinken kann, wenn er sich von einer einzigen Leidenschaft beherrschen lässt.«

ⓘ Kirche Poserna: Dorfstraße 1, 06686 Lützen
Adolf Streckfuß: *Der tolle Hans*. Berlin 1871.
Walter Gerullis: *Zwischen Kanzel und Kerker*. Weimar 1948.
Klaas Huizing: *Der Buchtrinker*. München 1994.
Detlef Opitz: *Der Büchermörder*. Frankfurt am Main 2005.

Legenden, die König Friedrich Augusts Tod anzeigten

Betauft ward er auf den Namen: Prinz Friedrich August Albert Maria Clemens Joseph Vincenz Aloys Nepomuk Johann Baptista Nikolaus Raphael Peter Xaver Franz de Paula Venantius Felix von Sachsen (*1797; †1854). Als sein greiser Onkel Anton (*1755; †1836) die Regierungsgeschäfte übernehmen musste, wurde er zum Mitregenten auf Sachsens Thron. Gänzlich die Herrschaft übernahm er als König Friedrich August II. 1836. Auch wenn er Offizier in den Befreiungskriegen gewesen war, fürs Militärische zeigte er wenig Interesse, setzte vor allem kulturell die Traditionen fort. Er förderte die Gemäldesammlung, Hofkapelle und Oper, holte den jungen Richard Wagner ans Haus. Seine liebenswerte, offene Art ließ ihn das Sachsenvolk lieben. Der König jagte leidenschaftlich gern und forschte mit großem Interesse auf dem Gebiet der Botanik. Dafür reiste er weit, neunmal allein besuchte er sein geliebtes Tirol. In seinen letzten Lebensjahren verstärkten sich die königlichen Depressionen, und Majestät zog sich aus der Öffentlichkeit (fast) ganz zurück. Um die Krankheitssymptome zu mildern, begab sich der Regent im August 1854 wieder einmal auf Reisen, um in der Abgeschiedenheit der Tiroler Alpen Gebirgskräuter und andere Pflanzen aufzusammeln.

Vielleicht waren es Todesahnungen, die Seine Majestät Friedrich August II. vor seiner Abreise in die Berge Tirols seinen letzten Willen eigenhändig niederschreiben ließen. Vor dem August 1854 war ihm solch Gedanke augenscheinlich niemals gekommen. Der 57-Jährige gab sein Testament in Verwahrung, dann ließ er die Koffer packen. Am Elbufer war eben der Tage die Rummel- und Belustigungszeit der Vogelwiese. Auf dem Volksfest zündete man abendlich das Feuerwerk zu Ehren Seiner Gnaden: Namenszug und Krone sollten in Brillantgeglitzer weithin erstrahlen. Allein der Pyrotechniker vermochte es trotz aller Bemühungen nicht, beides gleicher Zeit zum Funkeln zu bringen. Zwar brannte letztlich das königliche Monogramm *FA*, doch die dazugehörige Krone erschien niemals in Helle. Der König fuhr ohne Erleuchtung von dannen. Allemal ein ungutes Zeichen.

Schon Tage vorher hatte der am Bergpalais zu Pillnitz stehende Wachposten vermeldet: Eine stumme Gestalt gehe im Schlosse um. Ehestens sähe er in seinem langen dunklen Gewand einem Mönch ähnlich. Er habe denselben auf der zum Schlosse hinlaufenden Galerie erblickt. Dann sei die Gestalt gen Park davongeschlichen. Angerufen habe er diesen Mönch nun und vor seinen Schüssen gewarnt, die er tun müsste, sollte er weiter entweichen. Doch habe der Schemen sich weder gewendet noch einen Laut von sich gegeben. Der Wachsoldat habe nun seine Waffe durchgeladen, allein der Mönch sei nicht mehr zu erblicken gewesen. Auch alle Suche nach ihm war vergeblich. Dass der Posten nicht log, bestätigte tags darauf eine hohe Person aus dem Hofstaat: Ja, auch sie bezeuge die schwarze Gestalt und deren Stummheit. Und am Vorabend des Todes von Friedrich August II. sei nun jener schweigsame Mönch nochmals im Pillnitzer Schlosse erschienen. Nach seinem erfolglosen Anruf schoss nun der Soldat. Zunächst als ernstliche Warnung nur in die Luft. Ergebnis: Es war kein Mönch mehr zu sehen. Und die Sagen zu diesem Gespenst wurden mehr: Denn nun bezeugte der Schreiber im Schlosse, dass jener besagte Klosterbruder ihm bereits vor vierzehn Tagen erschienen sei. Man befragte sofort die Gelehrten, ob es wohl der todbringende Bote gewesen sein könnte, der als »Dresdner Mönch« schon mehrmals das Absterben sächsischer Hoheiten angezeigt hatte. Unisono verneinten die Gelehrten den Fakt. Es war ja auch nicht mit dem nahenden Tode des Königs zu rechnen. Bei allem seelischen Leiden, erfreute sich Friedrich August II. doch körperlich robuster Gesundheit.

Auch das nächste Vorkommnis wusste niemand im Hohen Hause richtig zu deuten: »Ueber dem jetzt restaurirten schoenen Portal des sogenannten Jagdthores am Koeniglichen Schlosse nach der Bruecke zu keimten seit vielen Jahren mitten aus den Steinen heraus eine stattliche Anzahl von Koenigskerzen, über deren herrliche Bluethen sich der hochselige Koenig als Blumenfreund nicht wenig erfreute. Am Morgen jenes Unglueckstages stuerzten auf einmal saemmtliche Koenigskerzen hinab.« Zwar betrachteten viele Dresdner die gefallenen Blüten als sehr ungünstiges Zeichen, doch niemand vermochte, die wahre Bedeutung dieses Blumensturzes auch nur im Entferntesten zu erahnen. Erst am nächsten Tage lief die Todesnachricht aus Tirol in der Residenz ein.

Es war ein Unglück: »Der Sachsenkönig war von Kühtal über Ochsengarten kommend um 10 Uhr abends in Silz abgestiegen, um zu nächtigen. Am nächsten Morgen, es war der 9. August, fuhr Friedrich August in Begleitung seines Adjutanten und des Kammerlakaien um 7 Uhr mit der Extrapost von Silz weiter und kam gegen 9 Uhr nach Imst. Der König beabsichtigte, über das Pitztal und den Piller nach Prutz zu reisen. Zum königlichen Leibwagen wurden beim Postamt Imst die nötigen Pferde aus dem

Stall in Brennbichl angefordert. Der Postexpeditor machte ausdrücklich darauf aufmerksam, daß der Leibwagen des Königs wegen seiner Breite und Länge, dann wegen der schmalen Fahrbahn und der vielen Windungen nicht benützt werden könne.

Es wurde ein passendes Einspännerwagerl ausgesucht, wie sie in der Gegend häufig gebraucht wurden, sehr kurz und die Vorderräder sehr nieder. Außer dem Kutscher hatten nur drei Personen Platz, wovon eine neben dem Kutscher sitzen musste. Um beim Abwärtsfahren leichter anhalten zu können, wurden zwei Postpferde angespannt. Die beiden Pferde waren lichtbraune Wallachen von acht Jahren und gut zusammengewöhnt. Man hat nach dem Unfall durch alle möglichen Versuche festgestellt, daß sie weder durch Angreifen noch durch Kitzeln zum Ausschlagen veranlaßt werden konnten. Und doch ist ein Pferd am Tod des Königs schuld.

Als das Fuhrwerk außerhalb Brennbichls am Hohlweg zu einer Stelle kam, wo es steil abwärts ging, stieg der Postillion vom Bock und legte unter das linke Hinterrad den Radschuh ein. Von da ab führte er die Pferde ganz langsam am Zaum. Er war aber, wie er nachträglich angab, der Überzeugung, daß es besser gewesen wäre, wenn noch eine Person ausgestiegen wäre, getraute sich aber das so hohen Herrschaften nicht zuzumuten. Bei einer Wendung nach rechts geriet das eine Vorderrad so weit unter den Wagen, daß der Wagen zu schwanken begann. Darüber beunruhigt, erhob sich der König und rief: ›Halt!‹ Dadurch kam der Wagen erst recht aus dem Gleichgewicht. Kammerlakai und König stürzten infolge des jähen Stillstandes nach vorne unter die Pferde. Dadurch erschreckt, schlug das rechte Pferd nach hinten aus. Der König wurde von einem Huf hinter dem linken Ohr getroffen. König August von Sachsen wur-

131

de zum Gasthof Neuner gebracht, wo er eine halbe Stunde später verstarb.«

Sachsen ist erschüttert und trauert. Am Unglücksort ließ Königin Marie (*1805; †1877) eine Kapelle errichten, in der auch Familienmitglieder bestattet wurden. Im *Gasthof Neuner* kann man auf Nachfrage Friedrich Augusts II. Sterbezimmer betreten. Erst im Nachhinein vermochte man, alle diesem Tod vorangegangenen Anzeichen zu deuten. Zu spät.

ⓘ Grab in der Katholischen Hofkirche: Schloßstraße 24, 01067 Dresden
Standbild von Ernst Hähnel: Neumarkt, 01067 Dresden
Königskapelle: 6463 Karrösten, Österreich
Gasthof Neuner: Brennbichl 101, 6460 Karrösten, Österreich

Die Legende vom Liebsten in Rückenlage

A m Nordhang des Fichtelbergs entspringt ein Fluss. Sein Name ist dem Sorbischen entlehnt, heißt »tosend« und »rauschend«: die Zschopau. Ein wilder Fluss ist sie bis heute. Dreimal schneller fließt in ihr das Wasser als in der Freiberger Mulde. 130 Kilometer ist sie lang. Städte und Schlösser und Burgen stehen an ihrem Ufer. »Mächtig steigen aus dem Tale die steilen Wände des Schlossfelsens empor, und gewaltig erhebt sich die Burg, von einem Hauptturme und sechs kleineren Türmen geschmückt, auf dem felsigen Untergrunde. Die altertümlichen Formen des aus vielen Abteilungen bestehenden Baues, die zierlichen, spitz aufsteigenden Türmchen, die Giebel, Erker und all die verschiedenen Anhängsel, die efeuumrankten Mauern, die mit schönen Baumgruppen bewachsenen Felswände und der waldige Hintergrund verleihen dem Ganzen ein malerisches Aussehen«, schwärmte man bereits vor einhundertfünfzig Jahren, und daran hat sich nichts geändert. Sie ist Sachsens schönste Ritterburg und scheint für viele Modelle und Spielzeug Pate gestanden zu haben: die Burg Kriebstein.

Befehl zur Erbauung der Burg an Ort und Stelle gab Dietrich von Bern- oder Beerwalde (da widersprechen sich Quellen). Das Stückchen Land hatte er vom Markgraf zu Sachsen erhalten. Es schreibt der Bauherr: »Ich, Ditherich von Bernwalde, bekenne vor mich und alle meyne erbin und nachkomen und thun kunt offintlichen mit disern geinwertigen brife: Alz des hochgeborenen fuerste, myn liebir gnediger herre, er Wilhelm Marcgrafe czu Missen, mir die gnade gethan hat, alzo dasz er mir erleubet hat, den krywensteyen czubuwen.«

So begannen seine Vasallen 1382, die Burg auf felsiger Zacke über den Abgrund zu mauern. Nach fünfundzwanzig Jahren war die Arbeit beendet, die schöne Ritterburg stand. Doch kaum hatte Dietrich von Bernwalde mit den Seinen die Gemächer bezogen, geriet er in tödliche Fehde mit einem Ritter Dietrich Staupitz von Reichenstein. Am Fastnachtstage anno 1415 überfiel jener die von Bernwalde. Nach diesem hinterhältigen Handstreich musste Dietrich seine Burg Kriebstein dem anderen überlassen.

Der Geflohene jedoch sah sich im Recht und bat seinen Lehensgeber, den sächsischen Markgraf (und späteren Kurfürsten), um Hilfe. Friedrich der Streitbare (*1370; †1428) eilte und leistete seinem Landgrafen tatkräftige Unterstützung. Er zog mit einem kleinen kampflustigen Heer von Willigen vor die Burg und belagerte diese. Drinnen der Staupitz vermochte zunächst, all die Angriffe mit seinen Knappen und reisigen Knechten abzuwehren. Die tapfere Schar gab einfach nicht auf, was den Markgrafen alsbald erzürnte. Friedrich beschloss, an den Besatzern fürchterlich Rache zu nehmen, wenn sie in seine Hände gelangten. Des Sieges war sich der Landesherr gewiss, denn nur über einen Weg war die Burg zu erreichen, und vorm Tore stand er. Alle weiteren Seiten nämlich fallen senkrecht zur plätschernden Zschopau hin ab. Irgendwann also mussten die Kämpfer im Burginnern mangels Fressen und Munition ihren Widerstand aufgeben. Das dauerte zwar, aber nach Wochen war Staupitz der Übermacht und dem Hunger erlegen. Alle Aufständischen waren des Todes. Da fasste die Gattin des Anführers Staupitz von Reichenstein sich ein Herz, trat ans Fenster und bat den Markgrafen Friedrich um Gnade. Sie wenigstens wolle mit ihrem in die Ehe gebrachten Werten und Gut die Burg lebend verlassen. Was hatte sie mit all diesen Raufhändeln der Männer zu tun?

Friedrich der Streitbare beabsichtigte nicht, Gnade walten zu lassen, doch mit der mutigen Frau hatte er Mitleid und gestattete ihr, das Liebste, was sie besäße, mit in die Freiheit zu nehmen. Sie überlegte, draußen wartete man. »Da fiel endlich rasselnd die große, aus eichenen Planken bestehende Zugbrücke herab. Die mächtigen mit Eisen beschlagenen Torflügel öffneten sich, und heraus trat die Rittersfrau, ihren Gemahl auf dem Rücken. Friedrich, umgeben von seinen Rittern, in hellglänzender Rüstung mit wehendem Helmbusch, schaute anfangs beim Anblicke der Frau gar finster drein; doch endlich, gerührt von der Treue des edlen Eheweibs, hielt der hochherzige Sieger sein fürstliches Wort und schenkte dem Ritter Staupitz Freiheit und Leben.« – Andere erzählen, dass dies alle Weiber der Burg mit ihren lieben Männern nun machten, und keiner der Eroberer Kriebsteins sei nach dieser Affäre zu Tode gekommen. Den Frauen sei Dank!

Einige Jahre nur später ist die Burg Kriebstein nochmals zum Zankapfel geworden. Kurfürst Friedrich der Streitbare hatte vier Söhne, die sich die Regierung des Landes teilten. Letztlich blieben nur Friedrich der Sanftmütige (*1412; †1464) und Wilhelm der Tapfere (*1425; †1482), die sich um die Macht stritten. Kunz von Kauffungen (*1410; †1455) stand aufseiten Friedrichs und war ein »kriegserfahrener, zum Kampf stets bereiter und unerschrockener Mann«. Er erlangte brutalen Ruf, und sein Besitz wurde dem Erdboden gleichgemacht. Fürst Friedrich dankte dem Helden und schuf ihm für seine Taten materiellen Ausgleich. Er überließ Kunz Hab und Gut in Kriebstein und anderswo. 1451 brachten Verhandlungen den Naumburger Frieden, danach nahm Friedrich seine Gaben von Kunz wieder fort. Kauffungen zog erbost vor Gericht und verlor. »Erlauchter, hochgeborener Herr, wisse, daß ich wegen der Sache, die Ihr in meiner Schuldangelegenheit getan habt, Euer und aller Euren Feind sein werde.« Kunz und dreißig Getreue wussten die Prinzen Albert und Ernst in der Nacht vom 7. auf den 8. Juli 1455 fast unbewacht auf dem Altenburger Schloss. Fürst Friedrich weilte außerhalb, der Hofstaat war zu einer Hochzeit geladen. Küchenjunge Hans Schwalbe ließ eine Strickleiter herunter. Die Entführung glückte. Bei Entdeckung der Tat läuteten im ganzen Sachsenlande die Glocken und riefen zur Suche. Für eine bessere Flucht trennten sich die Entführer. Doch noch am selben Abend wurde Kunz mit Prinz Albrecht im Kloster Grünhain gestellt und in einen Zwickauer Kerker geworfen. Seine Komplizen ergaben sich wenige Tage später. Sie hatten sich in einem Bergwerksstollen versteckt, der Prinzenhöhle bei Hartenfels. Am 12. Juli überstellte man Kunz nach Freiberg, nach kurzem Prozess enthauptete man ihn zwei Tage später auf dem dortigen Marktplatz. Die Augen des steinernen Kopfes am Rathauserker blicken genau auf die Stelle, wohin sein Kopf rollte. Da ist auch heute der Pflasterstein blau. Dreimal drauf spucken, bringt Glück.

Die Burg Kriebstein ist heute Touristenmagnet. »Immer wieder ist die Burg den wechselnden Anforderungen und an neue Funktionen und Lebensbedürfnisse angepasst worden und hat dabei trotzdem ihre unverkennbare spätgotische Erscheinung bis heute bewahrt.« Vieles an Einrichtung und Inventar ist erhalten geblieben. Sie war malerische Filmkulisse: *Die Gräfin* (2009), *Grand Budapest Hotel* (2014), *Der süße Brei* (2018). Jedoch ist die dreiseitige Felswand um sie herum heute weniger tief als ehedem. Die Zschopau wurde in der Talenge zu ihren Füßen gestaut. In Betrieb genommen hat man Sachsens (bis heute) größtes Wasserkraftwerk

1930. Außerdem dient sie dem Hochwasserschutz, und auf dem Wasser veranstaltet man Ausflugsfahrten und Motorbootrennen bis hin zu Weltmeisterschaften (1970). Auf der Seebühne gibt es Theater. Der Lutherweg führt vorbei. Im Hungerturm befindet sich heute ein Café.

ⓘ Burg Kriebstein: Kriebsteiner Straße 7, 09648 Kriebstein
   Regina Röhner: *Der sächsische Prinzenraub. Die Geschichte des Kunz von Kauffungen.* Chemnitz 2002.

Die Legende vom warzigen Mühlzwerg

Es sind keine Spuren mehr zu finden von der Mühle am Dittersdorfer Bache nahe des Ortes, denn das Mahlhaus brachte seinen Eignern nie wirkliches Glück: 1639 marodierten die kaiserlichen Soldaten durchs obere Erzgebirge und zerstörten die Mühle. 1659 brannte sie vom Blitz getroffen nieder. 1711 machten sie die Schweden dem Erdboden gleich. Und doch bauten fleißige Hände die Mühle stets wieder auf. 1730 gehörte sie der Familie des Michael Aulhorn, Ahne des Kaufmanns Ernst Louis Aulhorn. Dieser gründete 1843 zusammen mit dem Konditor Carl Christian Petzold in Dresden-Plauen die Schokoladenfabrik Petzold & Aulhorn, die mit der Marke »Pea« Furore machte. Noch heute produziert die Pea Süßwaren GmbH in Veitshöchheim am jungen Main.

Doch anno 1730 stand Müller Michael Aulhorn kurz vor dem Ruin: Hitzige Sommer hatten stets wieder Missernten verursacht. Was sollte er mahlen? Dann fehlte das Wasser im Bach vom Gebirge her, das seine Mühlräder antrieb. Wie sollte er mahlen? Das Heiratsgut seiner Frau war längst aufgebracht. Wovon sollten sie leben? Und so saß Müller Michael mit bangem Herzen durch all die Sorgen am Fenster und starrte hinaus in die finstere Winternacht. Seine Frau, die Rosine, und die fünfjährige Tochter, Rosina, sie schliefen seit Stunden in guter Ruhe. Die kleine Rosina war Michaels einziges Glück in jenen Tagen. Dem Müller wurde der Atem knapp, wenn er über sein Elend und die Zukunft nachdachte. Um frische Luft zu bekommen, schritt er zum Fenster und öffnete es. Bitterkalter Nachtwind umfloss seine Schläfen. Frost biss in die Haut. Er streckte den Kopf hinaus in den Himmel, vielleicht verhießen die Sterne ihm Hoffnung. Doch nein! Von seiner Tür her vernahm Müller Michael ein leises Stöhnen, dessen Ursache mitnichten der Wind war.

Nun öffnete der Müller sein Haus und fand im Schnee ein kleines menschliches Häuflein, das beinah zu Tode erstarrt war. Er nahm den Kleinen mit hinein in die gute Stube und setzte ihn hin auf die Bank vor den Ofen, dessen grüne Kacheln die Wärme des Feuers noch hielten. Mit einem brennenden Kienspan leuchtete er seinem Gast ins Gesicht. Fast hätte er aufschreien mögen vor Ekel und Schreck: Seinen Kopf säumten fast gar keine Haare. Die Haut war fleckig und voller Narben. Runzeln und Falten und riesige Warzen ließen Mund und Nase fast gar nicht erkennen. Das Männlein glich wahrlich einer sehr hässlichen Kröte. Aber seine hellen Augen schauten so herzerweichend und baten um Hilfe, dass Müller Michael seine Abscheu überwand. Er wärmte dem Gast ein leckeres Süppchen und reichte ihm einen heißen Trunk. Michael räumte sogar sein eigenes Bett und legte den Verfrorenen unter die Decke. Er selbst aber durchträumte schlaflos am Fenster sitzend die ganze Nacht. Der Gedanke, dass das Schicksal ein Wesen auf Gottes Erde noch härter getroffen hatte als ihn und seine Familie, spendete Frieden und Trost und ließ ihn wieder ein wenig Hoffnung finden.

Die Sonne erstrahlte am anderen Morgen und machte die erzgebirgische Winterlandschaft zu einer Postkartenidylle. Vom tiefen Schlummer gestärkt, trat das Männlein hin vor den Müller und sprach: »Lohn Euch Gott, was Ihr an mir getan! Aber was soll aus mir werden in dieser Kälte ohne Frau, Wirtschaft und Heim? Müller, seid weiter barmherzig, so wie Ihr es gestern gewesen und lasst mich bei Euch bleiben. Es fehlt Euch ein Knecht. Nehmt mich dafür an! Ich will tüchtig schuften. Ihr sollt's nicht bereuen.« Müller Michael besah sich den Kleinen und meinte: »Was kannst denn du schwacher Zwerg bei mir schaffen? Die Säcke allein sind schon größer und schwerer als du.« Insgeheim schwante ihm wohl bereits, was seine Frau zu dem neuen Mitbewohner sagen würde. Seine Entscheidung würde sie niemals gutheißen, war er sich sicher. Aber das Männlein blickte zu ihm auf, im Auge standen ihm Tränen, und er jammerte kläglich: »Bitte, bitte, schickt mich nicht hinaus in die Wälder, es wäre mein Ende!« Und so nahm Michael den Zwerg zu seinem Hausgesinde dazu.

Das Befürchtete trat auch ein. Als Rosine die Missgestalt endlich erblickte, fielen die bösen Worte aus ihrem Munde nur so heraus. Gern wäre sie den Zwerg im Schnee wieder losgeworden. Immer wieder beschwor sie ihren Mann, den Unhold aus ihrem Hause zu werfen. Aber Michael änderte niemals seinen Standpunkt, so sehr Rosine auch keifte und drohte. Aber in Rosina, der Müllerstochter, hatte der Kleine bald eine echte Freundin gefunden. Er war ja kaum größer als sie. Er sang ihr herzige Lieder. Er reizte sie mit Grimassen und Witz stets wieder zum Lachen, sobald Schmerzen und Leid über sie kommen wollten. Denn Rosina war schwächlich und krank und darum meist ohne Freude. Das änderte sich. Ihre blassen, eingefallenen Wangen wurden voller und röteten sich. Ihre dünnen Beinchen wurden kräftiger, weil Rosina über die Felder sprang und spazierte. Ihre Stimme schmetterte mit dem Augenaufschlag am Morgen mit den Finken bereits um die Wette. Der Sonnenschein war in die Mühle gezogen. Wie schön.

Die Mühle klapperte und konnte ihr Werk kaum schaffen. Die Säcke stapelten sich in Kammern und Scheune. Von allen Seiten und fremden Orten drängten sich die Kunden, die von der Qualitätsarbeit des Müllers gehört. Allein wäre die Arbeit nie von Michael zu schaffen gewesen, aber der Zwerg war überall: in der Mahlstube, der Scheune, dem Garten, in der Küche, auf Achse. Man trug das Mehl den Dörfern und Städten zu und den Höfen und kam mit gutem Geld wieder heim. Der Müllersfamilie Wohlstand wuchs ein um den anderen Tag. Alle Schulden wurden beglichen, der Verfall aus den Gebäuden des Hofes renoviert. »Mit dem Zwerg kam der Segen in unser Haus!«, sagte Müller Michael seiner Gattin oftmals zum Glück. Doch Rosine wollte daran keinen Gedanken verschwenden. Dieser Krötenmensch konnte kein Wohltäter sein. Niemals. Nein. Nein. Der hässliche Kleine war ihr ein Gräuel. Und die Müllersfrau sann Tag und Nacht, wie sie den Zwerg loswerden könne. Aber jener war so überaus freundlich und dienstbar zu jedermann, dass Rosine gar keinen Grund fand, ihn vor die Türe zu setzen. Nicht nur Michael, das Volk liebte den Zwerg, ganz gleich ob man ihn mit furchtbaren Namen belegte. Und Rosina, die Tochter, wuchs heran zur ganz schönen Maid.

Nun zwang eine Geschäftsreise mit Aussicht auf guten Profit den Vater zu längerer Abwesenheit aus seiner Dittersdorfer Mühle. Traurig reichte der Zwerg ihm die Hand, und lange folgten seine treuen Augen dem Wagen nach, in dem der Müller saß, sein Beschützer. Und kaum war Michaels Gefährt hinter den Bergen verschwunden, holte Rosine zum Gegenschlag aus: »Endlich ist die Zeit reif, dass ich dich garstigen Kobold aus meinem Haus werfen kann«, schrie sie, »hinaus, hinaus!« Der kleine Mann flehte: »Liebe Frau, habt Erbarmen! Wohin soll ich meine Schritte denn wenden? Ich habe niemanden als Euch auf der Welt!« Aber Rosines Herz blieb steinhart: »Siehst du schon aus wie eine Kröte, dann geh in den Mühlteich. Auf Nimmerwiedersehen!« Sie zog ihre erschrockene Tochter ins Haus und schlug die Tür zu. Das arme Männlein schlich traurig von dannen.

Nun kam die Zeit, da Michael heimkehren sollte. Frau Rosine überlegte, was sie ihrem Ehemann zum Verschwinden des Zwerges als Grund nennen könne. Ei, sagte sie sich, ist er halt ins Wasser gefallen, der Kleine, dem Müller wird's als Erklärung genügen. Frau Rosine brauchte gar keine Erklärung für ihren Mann. Er kam und kam nicht wieder zur Mühle zurück. Man munkelte, Michael sei wegen seines vielen Geldes, das er aus den Geschäften gezogen hatte, erschlagen. Die Räuber fasste man nie. Töchterlein Rosina weinte sich nach ihrem lieben Vater die Guckaugen aus, und ohne den Zwerg kam die Krankheit zurück. Ihr Atem wurde kurz und schwer und setzte just zum Osterfest ganz aus. Ein trauriges Begräbnis folgte. Und Frau Rosine konnte die Mühle nicht halten, ihr fehlte Geschäftssinn und Weitsicht und der kräftige Knecht. Die Reue erfasste sie viel zu spät. Auf ihre Frage: »Wo ist nur der nette Zwerg abgeblieben?«, vermochte ihr niemand Antwort zu geben. So zog sie zum Tore hinaus, und keiner hat sie je wieder gesehen.

ⓘ 09439 Dittersdorf (Osterzgebirge)

142

Die Legende von der Last, die du nicht trägst

Es war einer der spektakulärsten Romananfänge der DDR-Literatur: »Seit einer halben Stunde bin ich schwanger. Mein Mann liegt fest schlafend neben mir und stößt kleine zufriedene Grunzer aus. Für das Kind müssten wir uns einen Doppelnamen ausdenken – als Zeugnis für die anhaltenden Bemühungen: Doppelnamen, Doppeldecker, Hoppelpoppel, Moppeldoppel …« Waltraude und Klaus Riezy sind überglücklich, als ihnen ihr Tino aus seinem Kinderbettchen entgegenschreit. Das Leben ist schön! Doch bald bricht der Zweifel ins Familienidyll: Tinos Entwicklung widerspricht dem Normalen. Die ernüchternde Diagnose des Arztes: »Bei obengenannten Kind besteht eine geistige Behinderung schwersten Grades. Es ist voll pflegebedürftig und nicht förderungsfähig.«

Belastend: Die Behinderung hätte vermieden werden können, wäre die Stoffwechselerkrankung der Phenylketonurie rechtzeitig erkannt worden (heute ist die Untersuchung obligatorisch). So schaut Mutter Traudel der Fehlentwicklung ihres Kindes machtlos zu. Als die Diagnose endlich gestellt wird, ist nichts mehr zum Guten zu wenden, die Behinderungen sind irreversibel. Tino ist Schwerstpflegefall. Die Mutter bleibt an der Seite ihres Sohnes, während der Vater den Familienunterhalt bestreitet. Traudel kämpft um bestmögliche Unterbringung und Behandlung, für einen menschenwürdigen Umgang mit ihrem Kinde. Sie sucht für ihren Sohn einen Hafen, der ihm das Leben so einfach und wert und gut wie möglich macht: Behandlungsmaßnahmen, Stationen, Heime, ein Bett. Die Odyssee der Traudel Riezy durch die sozialistische Pflegelandschaft erschüttert von Macht- und Mitleidlosigkeit bis zu Entscheidungswillkür und Überarbeitungssymptomen. Die Diskussionen im Familien- und Bekanntenkreis streiten über die Sinnhaftigkeit ihrer Unternehmungen. Die Mutter ruiniert ob dieses Überlebenskampfes ihre Nerven und Gesundheit. Akzeptiert wird dieses Opfer wenig. Tinos Tod erscheint als Erlösung. 1978 erschien der Roman und wurde Ereignis, er wühlte auf, erschütterte und machte sprachlos. Mehr noch, da Autorin Roswitha Geppert über ihre eigenen Erfahrungen schrieb. »Du weißt nicht, wie schwer die Last ist, die du nicht trägst« – der afrikanische Spruch war titelgebend und stand dem Buch voran. Mit emotionaler Wucht sprach der Roman über ein verschwiegenes, denn sehr unliebsames Thema: Pflegenotstand in der DDR.

Eines der Phänomene von Literatur ist ihre »Stellvertreterrolle«. Gesellschaftlich nicht diskutierte Probleme werden in belletristischen Texten verhandelt, so dass sie bestenfalls politische Debatten auslösen. Viele Bestseller füllen solche Leerstellen, zumal in der DDR: *Franziska Linkerhand* (1974) zeigt die kreative Beschränktheit am Beispiel von schönen Plänen junger Architekten. *Zwei leere Stühle* (1979) führt das Nach-dem-Munde-Reden im sozialistischen Schulsystem vor mit tödlichen Konsequenzen. *Der fremde Freund* (1982) erzählt, wie in einer erstarrten Gesellschaft auch ehrliche Gefühle nicht mehr möglich sind. Die Diskussionen bestimmten nicht nur die privaten Zirkel, sie führten zu öffentlicher Verhandlung. »Die Wissenschaft schreibt der Literatur eine ethisch-ästhetische Bildungsprogrammatik zu, eine geistig-erzieherische Stellvertreterrolle, und der Autor ist als moralische Instanz bzw. als Urheber dieses geistigen Stellvertretertums zentral.«

Roswitha Geppert hat diese ihr zugewachsene Rolle angenommen, wenn auch ihr literarisches Œuvre (fast) auf diesen einen Roman reduziert worden ist. Sie wurde 1943 in Leipzig geboren, bestand hier ihr Abitur und absolvierte als Studienzulassung ein Produktionsjahr in dem Betrieb der Baumwollspinnerei. Danach Studium der Theaterwissenschaft, Diplom, Regieassistenz am Leipziger Schauspiel, wo sie ihrem Mann Fred-Artur Geppert begegnete. 1969 wurde dem Paar der Sohn geboren, der ihren weiteren Lebensweg bestimmte. Seit 1972 arbeitete Roswitha Geppert freischaffend als Pflegerin, Autorin, Forstarbeiterin, Stadtverordnete und Schöffin. Sie stand Hilfesuchenden stets mit Rat und Tat zur Seite. Kult wurde sie als Kummerkastentante im Radio. Und sie veröffentlichte in steter Folge Erzählungen, Vignetten, ein Theaterstück, auch die Fortsetzung der eigenen »Last«: *Das Lächeln kehrt zurück* (1998). Nie verlor Roswitha Geppert Humor und Sachsendialekt und ihre Menschenliebe: »'sch habbe Gindor gärne. Will dormidd saachn, 'sch habbe ä ausgeschbrochnes Härze for de Gindor. Nich bloß for de eischnen. Wenn off dor Schdraaße eens brilld, rammlich hin und gugge nach, ob'sn was fähld. Und wenn se misch sähn – nee, nee, da brilln se nisch glei noch vorriggdor. Wenn se misch sähn duhn. Da missn se lachn. 'sch dähde ooch lachn, wenn so ä vorgnieschdor, vorloddodeor Nischl in mei Waachn neingehängd wärd un rumzabbld wie ä Sagg vollor Fleehä. Und darbei Fradsn wie ä beduhdldor Bahbagei schneidn duhd un ieweeorzeichd is, dor kreesde Freidnsbändor von dor gansn Wälld ze sin.«

Die Last, die du nicht trägst stand am Beginn einer stattlichen Anzahl von Werken, die die Tabuthemen Krankheit,

Pflege und Sozialnot nicht nur künstlerisch besprachen: *Kinder, die anders sind* (1981), *Flucht in die Wolken* (1981), *Hoffnung für Dan* (1983), *Schlußstrich* (1986). Bis heute erleben diese Bücher Nachauflagen – Indiz, dass diese Themen noch immer virulent sind: »Die Heime ähneln sich in der Atmosphäre, auch im Personal. Die Pfleger opfern sich auf. Manche für sechzig Mark Taschengeld im Monat und freies Wohnen und Essen. Die anderen für dreihundertachtzig Mark. Mehr wird nicht gezahlt. Dreihundertachtzig Mark für zehn Stunden und mehr am Tag. Für einen Feierabend ohne Kultur. Und keinen Bus ins Theater. Das Theater ist weit. Zum Lesen fehlt die Kraft und für einen eigenen Fernseher das Geld. Dreihundertachtzig Mark als Grundlohn – wer will da Pfleger werden? Dreihundertachtzig – und davon kauft man noch Seife, Windelhosen, Wäsche und Zuckerwerk – für die Kinder. Davon bezahlt man das Fahrgeld und die Miete – in einem Altbauhaus, wo man abends keine warme Stube vorfindet, keine Dusche, kein Bad. Wer will da Pfleger werden? Pfleger für geistig Behinderte – die anstrengendste Arbeit, die ich kenne. Mit der Arbeit eines Stahlwerkers vergleichbar. Nur, dass dieser Erfolge kennt, Prämien. Wer prämiert einen Pfleger für geistig Behinderte? Was geschieht, wenn niemand mehr Pfleger werden will? Was wird aus Simone, Ole und Helga? Werden sie zu Hunderten in Schlafsälen zusammengepfercht? Werden sie abgefüttert wie Vieh? Was geschieht, wenn niemand mehr da ist, der sie liebt? Das frage ich – ich, die Mutter.«

Roswitha Geppert ist am 27. Oktober 2018 verstorben. Sie hinterließ eine Lücke in Familie, Freundeskreis, in der Literatur und in der Stadt Leipzig. »… lasst Euch aus der Feierhalle hinauswirbeln an die Luft, ins Leben und mitten hinein in die Wirtschaft auf eine Maß Bier, ein

Gläschen Wein oder auch ein Schälchen Sekt, eben das Leben genießen. Falls es in meinen Kräften steht oder mir derartige Fähigkeiten zuwachsen, werde ich Euch von oben, von ganz oben, beschützen. Fühlt Euch umarmt.«

ⓘ Wohnhaus Roswitha Geppert: Tschaikowskistraße 30, 04105 Leipzig
Roswitha Geppert: *Die Last, die du nicht trägst.* Halle 1978.

Eine Legende vom Jammerossi

Es stimmt: Klischees sind einfach nicht totzureden. Die vom Jammerossi und Besserwessi existieren, seit sich die beiden deutschen Staaten wieder näherkamen, und feiern bis heute fröhliche Urständ. Wissenschaftliche Untersuchungen beweisen je nach politischer Auftragslage: Die Vorurteile sind tot! Oder: Totgesagte leben länger!

Und doch: »Ostdeutsche werden in der Kritik an ihrer Benachteiligung nicht ernst genommen, sondern im Gegenteil zu Jammerossis oder Opfern degradiert. Das sagen mehr als 40 Prozent der Westdeutschen von den Ostdeutschen – womit sie die bestehende Ungleichheit nicht nur relativieren, sondern das ernsthafte Sprechen darüber verunmöglichen.« Zahlen belegen: Die Arbeitslosenrate ist im Osten höher, der Altersdurchschnitt auch. Lohn und Renten sind geringer wie Steueraufkommen und Vermögenswerte. In Leitungspositionen finden sich Ostdeutsche zu 3 Prozent. Bundesbehörden entstanden in den letzten Jahren im Westen 20, in Ostdeutschland 5, bei 17 Prozent Anteil an der Gesamtbevölkerung. Vor allem fehlt der Respekt vor Biografie und Lebensleistung.

»Ich bin 78 und kann nicht sagen, mein Leben wäre sinnlos gewesen. Aber wenn man zurückblickt, und in meinem Alter schaut man auf Jahrzehnte zurück und nur noch Tage voraus, … also, wenn ich zurückblicke, gibt es vieles, das mir das Herz schwer macht. Meine Eltern hatten ein Gehöft mit bissel Land, das sie 1961 in die LPG einbringen mussten. Nicht einfach, wenn auf deiner Kinderspielwiese mit einem Mal volkseigene Traktoren die Kartoffelkombine ziehen. Aber da arbeitete ich schon längst im VEB Tierproduktion. Mein Mann war in einer Textilbude in der Kreisstadt beschäftigt. Fuhr zunächst Bus, bis wir unseren Wartburg bekamen. Als er damit vors Haus fuhr, war das ein Fest! Mein Dietmar hat keine vier Jahre nach der Wende die Arbeit verloren. Die Treuhand konnte seinen Betrieb nicht verkaufen, hieß es offiziell, den Angestellten wollte sie ihn nicht überlassen. Ich rede von ›seinem‹ Betrieb, dabei war der natürlich Volkseigentum. Dann endlich ging die Bude, Dietmar sagte immer nur ›Bude‹, für eine Ostmark doch an einen Produzenten von drüben. Dachten sie alle, das große Los wäre gezogen: Neuste Maschinen hat man in die Werkhallen gestellt und nach einem halben Jahr abmontiert und nach Bayern gebracht. Kam mir wie die Reparationsleistungen für die Russen hier vor. Die Halle leer, nur noch paar alte Stühle und der Kran an der Decke. Mit der Produktivität sei's eben zu schlecht bestellt, sagten die Westchefs, dabei hat mein Mann mit den Kollegen jede freie Minute noch dem Unternehmen geschenkt, in der Hoffnung, es gehe aufwärts. Nee, aufwärts ging's nicht, das Werk wurde geschlossen. Man baut sich doch nicht freiwillig die Konkurrenz im eigenen Staat auf! Einer aus der Brigade meines Mannes, der Erhard, hat sich das Leben genommen. Hat's nicht verkraftet, war aber auch schwer. Wo du auch hingeblickt hast: Überall die aus dem Westen! Selbst unsre Volksvertreter kamen auf einmal von drüben. Die andern aus Dietmars Betrieb: Rente oder Vorruhestand. Wie ich auch. In meiner LPG Tierproduktion waren wir einst über hundert, die im Stall standen, jetzt sind's kaum mehr als ein Dutzend. Heißt jetzt auch anders, nicht mehr ›Frohe Zukunft‹.

Unser Sohn hat all unsere Felder zurückbekommen. Hat

ein wenig gedauert, aber in den alten Grundbüchern stand's noch schwarz auf weiß, wem sie einst gehörten. Gar das Gutshaus hat er mit dazu genommen, sollte ein schniekes Hotel im Retrostil werden. Die Kredite hat er pünktlich gezahlt, auf die Minute, wie man so sagt. Aber die Bank hat vor der Krise so Bündel geschnürt, die sie an irgendwelche Fonds verschachert haben. Forderten die mit einem Mal die ganze Summe zurück, von heute auf morgen, und nicht die vereinbarten Raten. Woher sollte er die denn nehmen, mein Sohn. Er staunte nicht schlecht, als das Gebäude plötzlich vor der Zwangsversteigerung stand. Hat's schöne Haus einer aus BaWü seiner Frau zur Erholung geschenkt. Aus Pferdestall, Golfplatz und Shuttleverkehr aber ist nichts geworden. Seitdem verfällt das Gemäuer, die Eigentümerin hat unseren Ort noch nicht einmal gesehen. Der Ortsvorstand, seit zwölf Jahren sind wir eingemeindet, hofft, dass der Denkmalsschutz bei der Rückübertragung hilft. Wäre schon schön so ein Hotel mit Restaurant. Wir haben ja hier nicht mal mehr einen Bäcker, und der Supermarkt ist sechs Kilometer entfernt. Bus fährt nur noch zweimal am Tag. Versorgt mich mein Sohn mit, Auto getrau ich mir nicht mehr zu fahren. Ist mir peinlich, muss auch zum Frauenarzt, Apotheke und mal neue Unterwäsche und so. Beim Kaffeekränzchen sind wir nur noch drei. Wir haben unser Wohnhaus in den frühen Siebzigern umgebaut, größere Fenster, Bad in den Schweinestall, die Schwarzküche zur Sauna, welch ein Luxus! Nachbarn und Freunde haben geholfen, fast achtzig Jahre wohn ich jetzt hier. Nun liegt beinah das ganze Grundstück im Plan einer Umgehungsstraße. Wir sollen es zur Verfügung stellen, sonst klagt das Land Sachsen. Werteausgleich ist rechtlich gesichert, es lohnt nicht zu klagen, sagen sie. Ich frage mich, wo ich auf meine alten Tage noch hinsoll. Selbst vom

Friedhof wollen sie die Hälfte der Gräber umbetten. Muss ich mir ein neues Grab suchen, aber der Dietmar liegt da. Meinen Mann hat schon vor zehn Jahren der Schlag getroffen. Ich habe ihn sieben Jahre gepflegt. Fragen Sie nicht, wie das auf die Knochen gegangen ist, seinen Körper aus dem Bett raus und in den Rollstuhl, auf die Terrasse, und Auto wollte er auch noch immer fahren. Nicht selber, nein, das wär nicht gegangen, rumkutschiert habe ich ihn, oder mein Sohn. Die Schwiegertochter war ja so einem finanziell guten Angebot aus Niedersachsen gefolgt. Verdient gut, schreibt sie, sieht auch so aus, wenn sie mal da ist. Vergessen hat sie ihre Heimat nicht, nein. Hat aber trotzdem die Scheidung von meinem Sohn eingereicht: Entfremdung. Na ja, kann ich verstehen, Landwirtschaft ist nicht jedermanns Sache. Ich seh's bei meinem Sohn, wie der sich abrackern tut, aber hängen vom Gelde bleibt nichts. Kaum, dass er seine vier Angestellten bezahlen kann. Ich glaube, die Kleine ist seine neue Freundin, bestimmt zwanzig Jahre jünger als er. Die wird ihm den Lohn stunden, wenn's nicht anders geht. Da war es im VEB Tierproduktion leichter: Freie Tage mit Haushaltstag, Urlaub und Prämien warn garantiert. Überstunden wurden verrechnet. Bei meinem Sohn fallen die Preise, und er kann gar nichts dagegen tun. Jetzt will er auf Bio umstellen. Aber alle, die's wissen müssten, sagen, jetzt ist es mit Bio zu spät, der Markt übersättigt. Drei Enkel hat mein Sohn mit seiner Ex uns geschenkt. Prachtstücke! Aber alle weit weg. Gab ja in den ersten Jahren des neuen Deutschland keine blühenden Landschaften hier und keine Lehrstellen. Ist Roberto in die Schweiz ins Hotelgewerbe. Auf mehr als zweitausend Meter Höhe arbeitet der. Ich habe ihn mal besucht, mein Enkel hat der Oma den Urlaub bezahlt. Hätte auch hier solchen Job haben können für ein Drittel von dem, was er dort bei den

Schweizern verdient. Wenn der Mindestlohn nicht einge-
führt wäre, würden manche hier noch immer für 3 Euro
die Stunde arbeiten. Immerhin mehr als ein Ein-Euro-Job,
nicht? Die Saskia ist nach Meppen, Bundeswehr. Mein
Ding wär's nicht. Alles mit Militär ist mir verdächtig. Auf
dem alten Truppenübungsplatz hier sind jetzt die Wölfe
heimisch geworden und ein Problem. Auch meinem Sohn
haben sie schon Weideschafe gerissen. Hatte der eine Wut!
Nun sitzt die Saskia im hohen Norden auch nur im Büro.
Buchhalterinnen werden auch in Berlin oder Dresden gebraucht. Hätte ich sie jedenfalls näher bei mir. Nee, Uren-
kelchen habe ich nicht, aber wenn, würde ich mich küm-
mern. Der Kleine, der Basti, Sebastian, ist öfter mal hier
und macht Zwischenstation. Reiseleiter ist der, will was
von der Welt sehen. Habe ich nicht, und mit der Welt hier
komme ich nicht mehr zurecht. Ham Se ja recht, aber Jammerossi lass ich mich noch lange nicht schimpfen. Also mal
ehrlich, war das kein Leben? Aber zugehört so wie Sie hat
mir noch keiner. In welcher Partei sind Sie? Ich würde Sie
wählen.«

ⓘ Hans-Joachim Maaz: *Der Gefühlsstau. Ein Psychogramm der DDR.*
Berlin 1990.
Dirk Laabs: *Der deutsche Goldrausch. Die wahre Geschichte der Treu-
hand.* München 2012.
Antje Hermenau: *Ansichten aus der Mitte Europas. Wie Sachsen die Welt
sehen.* Leipzig 2019.

Die Legende vom unmutigen Schneider

Bad Schandau liegt im Tale der Elbe, umringt von den knorrigen Felsen der Sächsischen Schweiz. Auf den Schlossberg führen gefällige Promenadenwege zu einer verwunschenen Ruine, die der Alpenverein erst 1893 anlegen ließ. Ein Aussichtsturm bietet Überblick. Und deshalb stand im Mittelalter an gleicher Stelle eine stolze Burg, genannt »Frienstein« oder »Vorderes Raubschloss«. Das Herrschergeschlecht derer von Wildenstein hatte einen Burgwart erbauen lassen, von ihm aus konnte man vor Gefahr warnen, doch stach solche Lage auch Raubrittern ins Auge, und sie besetzten den Fels. Noch heute zeugen Höhle und Stufen und Ausbuchtungen von der Besiedlung. Doch die Zisterne, in der sich das Wasser ehemals sammelte, verschüttete man zur Unkenntlichkeit. Denn bis heute erzählt man, dass Karfreitag aller fünfhundert Jahre sich dort die schöne Schlossjungfrau blicken lässt, jedoch zum Erschrecken verwandelt. Es hat sich also begeben:

Einst lebte Gott zum Gefallen in Schandau ein Schneidergeselle, der fromm und zufrieden die Kirchenpflichten erfüllte. Allerdings besaß er schwächliche Gestalt und schien blutarm. Auch machte er sich nicht mit seinen Altersgenossen gemein. Keiner sah ihn in den Schankstuben sitzen. Der Pfarrer dagegen lobte seine stete Anwesenheit zu den Terminen. Jener Jüngling genügte sich selbst und stand mutterseelenallein auf der Welt, und es störte ihn nicht. Die groben Burschen der Stadt hänselten und spotteten ihn, aber was scherten ihn blöde Worte. Sein Meister schätzte die Wertarbeit des Gesellen, seinen Fleiß, seine Sauberkeit, sein wohlgefälliges Auftreten. Dem jungen Mann war es Gewohnheit geworden, nach dem sonntäglichen Gottesdienst, und so das Wetter für solche Unternehmungen günstig stand, einsam und mit sich im Reinen in der schönen Bergwelt herumzuwandern. War der Himmel hagelgrau und voller Regen, mied er die schlammigen Wege und bewegte sich nach dem Gottesdienst wieder nach Hause, wo er still und für sich saß und seine Wirtschaft besorgte.

So kam es, dass er einstens, das Jahr belegen die Chroniken nicht, wohl aber den Monat März, dass also dieser gottgefällige Schneidergeselle am Sonntag Judika, just zum Beginn der Passionszeit also, sich nach der Predigt aufmachte, um den Schlossberg zu erklimmen. Die Sonne schien. Ein lauer Wind wehte. Am Himmel kreiste der Habicht. Die Lerchen schmetterten. Die Stare pfiffen und bauten wohl schon an ihren Nestchen. Die Knospen der Bäume waren am Platzen. Am Berghange blühten erste Veilchen. Der Frühling ließ sein blaues Band wieder flattern. Herrliche Natur! Der Junge genoss alle Wunder und bemerkte kaum, dass er bereits den Gipfel beschritt. Er setzte sich sehnsuchtsvoll am Abhange nieder und blickte hin zu den Bergen der Ferne, auf die grünenden Auen und zum silbernen Strome der Elbe. Platz genommen hatte er just an der Zisterne, die damals noch sichtbar war, wenn sie auch kein Wasser mehr hielt. Da raschelte es neben ihm im Gebüsch, und eine hohe Frauengestalt trat hervor. Sie nahm den Jüngling in ihren Blick und schritt auf ihn zu. Dem Gesellen rutschte das Herz in die Hose. Er war aufgesprungen von seinem Sitze, verwundert und ängstlich starrte er auf die Erscheinung. Aber er spürte auch deutlich seine innere Erregung, ein schöneres Weib hatte er noch niemals gesehen. Aber es schien ihm, als wäre die Überirdische wahnsinnig traurig. Es war an dem.

Sie nämlich sprach: »Mein Lieber, fürchte dich nicht! Ich bin das Schlossfräulein, und schon lange habe ich jeden deiner Schritte beobachtet, wenn du meinen Berg hier bestiegest. Deine Frömmigkeit und deine Güte beeindrucken mich. Du scheinst mir geeignet, und nur weil du ein Sonntagskind bist, vermagst du, mich zu hören und leibhaftig zu sehen. Doch bevor ich weiter spreche, versprich mir, verrate keinem, was ich dir jetzt erzähle. Willst du das tun?« Dem Jüngling war die Sprache verschlagen, er konnte nur nicken. Die Schlossjungfrau lächelte milde und fuhr fort in ihrer Rede. »Dich nämlich hat Gott mir gesandt. Nur du kannst mich erlösen! Schon seit fünfhundert Jahren sitze ich hier auf dem Felssporn verzaubert. Du wirst es kaum glauben, ich muss für all die Sünden meiner Vorfahren büßen. Und alle fünfhundert Jahre kommt jener Tag, der mir Erlösung bringen kann. Nur ein frommer junger Mann vermag, mich zu retten. Du also kannst den Bann über mich brechen. Willst du das tun?« Der junge Mann nickte wieder. Kein Wort entrang sich seinem Munde. »So erscheine über zwölf Tage genau zwölf Uhr mittags hier wieder. Am Tage vorher musst du zum Abendmahl gehen und beichten und deine Sünden bekennen. So du danach rein wieder an der Zisterne hier ankommst, komme auch ich. Jedoch in ganz andrer Gestalt. So hässlich und grausam ich dir dann auch vorkommen mag: Ich bin es! Küsse mich dann dreimal mit Leidenschaft auf meinen Mund, das nimmt den bösen Zauber von mir. Du gibst mir mein Leben zurück und alle Schätze, die ich besitze und die im Berg schlummern. Sie werden dein sein! Ich wäre es auch, aber nur, so du mich willst. Und nun schweige! Wir sehen uns über zwölf Tage. Rette mich, Liebster!« Mit diesen Worten war sie verschwunden.

Es dauerte geraume Zeit, bis sich der sensible Mann wieder gefangen. Das unerhörte Begegnis war ihm doch in die Glieder gefahren. Aber die schöne Frau konnte er nicht vergessen, sie nahm Raum ein in seinem Herzen. Zunächst glaubte er, geträumt zu haben, und wollte nicht daran denken. Trotzdem zählte er die Tage, bis er dem Schlossfräulein wieder gegenüberstehen würde. Dann dachte er wieder: Ein Geist sei ihm erschienen, in den Felsen der Sächsischen Schweiz verbargen sich viele. Aber die schöne Frau hatte ihm Daten genannt: In zwölf Tagen sollte er wieder auf dem Schlossberge sein. In zwölf Tagen war der Karfreitag, an jenem Tage war Jesus Christus am Kreuze gestorben, um Erlösung für alle zu schaffen. Sollte es ihm da nicht möglich sein, die Jungfrau zu retten? Andrerseits wieder hatte sie ihn gewarnt, nicht als Idealweib würde sie wiederkommen, sondern in grauenhafter Gestalt. Die müsste er nach Maßgabe küssen, erst dann wäre sie frei. Und so wälzte er die Gedanken hin und her, fand keine Ruhe und schlief kaum. Der Gründonnerstag kam heran, und sie hatte von ihm verlangt, an jenem Tage zur Beichte zu gehen. Er tat es. Gar zu gern hätte er seinen Priester um Rat gefragt, aber das hatte ihm die Schöne verboten. Gegebene Worte musste man halten. Der Pfarrer erteilte Absolution. Er durchwachte die Nacht. Mit pochendem Herzen trat der Schneidergeselle am Karfreitag vors Haus und wendete seine Schritte dem Schlossberge zu. Auf dem Gipfel stand er neben der Zisterne und harrte des nächsten Geschehens. Er wünschte freilich, die Jungfrau sollte in selbiger Gestalt wieder erscheinen, in der er sie gesehen. Die Glocken im Tale schlugen zwölfmal. Da wand sich mit einem Mal aus der Mitte der Wasserstelle ein gräuliches Ungeheuer: Es besaß den grün schillernden Leib einer Schlange. Der Kopf schien verfault. Ihm aus dem Mund züngelte tiefrotes Fleisch, das gespalten. Der Körper erhob sich, stand auf dem Ende seines Schwanzes. Das Untier sprach: »Küsse mich! Küsse mich! Dreimal musst du mich nun küssen!« Der Schrecken kam näher. Er stank fürchterlich und benebelte den jungen Mann völlig. Um Gottes Willen, das konnte seine Liebe nicht sein! Um alle Schätze der Welt, solch einem Grauen konnte kein Mensch näher treten, geschweige denn küssen dreimal und mit aller Leidenschaft. Schritt für Schritt wich der Jüngling vor dem entsetzlichen Etwas zurück, wandte sich ab und lief um sein Leben. »Du törichter Bengel!«, rief die Schlossjungfrau hinter ihm her. »Erst in fünfhundert Jahren vermag mich ein Held wieder, vom bösen Zauber zu erlösen!« Der junge Mann hetzte von dannen und sprach immer wieder die Worte: »Gelobt sei der Herr!« Da war das Mistvieh längst wieder im Schlossberge verschwunden. Unten in Schandau legte der Jüngling sich nieder ins Bett und verschlief wohl die kommende Woche. Nach Monaten erst wagte er sich wieder auf den Schlossberg hinauf. Alljährlich hoffte er, am Karfreitag dort das Schlossfräulein wiederzusehen. Niemals erschien sie. Aber geheiratet hat unser Schneider nie. Er bereute, dass er nicht den Mut gehabt hatte, sich dem Untier zu stellen und dafür Liebe zu erhalten. Als der Schneider uralt, fand man ihn tot an der Zisterne auf dem Schlossberge oben. Heute ist die Stelle verschüttet und kein Kreuz oder Denkmal erinnert.

ⓘ Schlossberg: 01814 Bad Schandau

Legenden von den Freigiebigen unter dem Greifenstein

Einen seltsamen Eindruck machen die Greifensteine im Erzgebirge: Als hätten Zyklopen die Quader gestapelt. Der Glimmerschiefer leuchtet hell in der Sonne. Die Ferne lässt das Gestein wie eine Burgruine erscheinen. Eben da hat auch eine Burg einst gestanden, aber auf ihr hausten Spitzbuben, die raubend und verheerend über das Land zogen. Geblieben ist dem Berg die Weitsicht fast über ganz Sachsen: »Wir sehen südwärts den ganzen Kamm des Erzgebirges mit den wichtigen Höhepunkten, als da wären Fichtel- und Keilberg, Scheibenberg, Auersberg, Pöhlberg, Bärenstein, Hassberg usw. Die Städte Annaberg, Scheibenberg, Schlettau und Thum liegen ganz in der Nähe und gewähren ein reizendes Bild. Mit bewaffnetem Auge sieht man das Schloss Frauenstein, die Heinzebank, die Brüderhöhe mit Eisenturm, den Marienberger Turm, die Kirche von Sayda, Öderan, Schloss Augustusburg mit Schellenberg, Schloss Sachsenburg, die Türme von Oschatz, im Norden den Rochlitzer Berg und den Collmberg; weiter westlich liegen zunächst die beiden Städte Hohnstein und Ernstthal vor uns; über die Langenberger Höhe eröffnet sich uns eine Aussicht nach der Gegend um Crimmitschau, die sich in nördlicher Richtung bis zum Petersberg bei Halle erstreckt.« Welch eine Schaubühne! Und Theater wird auf den Greifensteinen seit 1846 gespielt, 1.700 Zuschauer finden da Platz. Man zeigt hiesige Legenden wie Stülpners Karl, Ritter Runkel und Winnetou. Und manchmal erzählt man auch von den Berggeistern, die unter den Steinen wohl hausen. Mancher Besucher hofft, dass auch er hier den großen Reibach noch macht, denn ab und zu geht einer reichlich mit Schätzen beschenkt.

Es begab sich, dass ein Wandersmann, der Gegend unkundig, sich auf seinem Weg hin nach Böhmen verlief. Er kam nächtens von der Heerstraße ab, und der Kohlenweg, den er betreten, führte ihn immer weiter hinein in das Dunkle. Nur der blasse Schein des Vollmonds brachte noch ein wenig an Helle. Der Wanderer spitzte die Ohren und lauschte auf das Bellen von Hunden, die menschliche Behausungen anzeigen würden. Auch kein Licht sah er in einem Fenster, kein wärmendes Feuer. Der Wald blieb dem Wanderer finster und stumm. Doch da schien ihm, als trüge die Nachtluft ihm ein Geräusch zu, das auf Leben wohl schließen ließ, und so ging er ihm nach, um zu schauen und vielleicht Obdach zu finden. Potz Blitz! Plötzlich stand vor ihm ein Zwerg mit langem Bart, spitzem Hut und knarzender Stimme. Die Geistergestalt bat ihn, ihr zu folgen. Die beiden kraxelten über Stock und Gestein, und erst am Greifensteine machten sie Halt. Daselbst konnte man die Pforte der Höhle kaum sehen, der Geist aber führte den Wanderer in sie hinein. Dem Verblüfften eröffnete sich mit einem Mal der Blick in ein ungeheuer riesiges, funkelndes und glitzerndes Gewölbe. Die Wände schienen von Silber, die darin stehenden Tische aus purem Gold. Auch die von der Decke hängenden Leuchter gülden und mit Edelsteinen besetzt, in denen sich alles Licht brach. Ein überirdischer Glanz umfing den vom Weg Abgekommenen. Vor sich sah er einen freien Stuhl an einer langen, festlich geschmückten Tafel, von der würdige kleine Männer ihm zunickten und baten, doch Platz zu nehmen und mit ihnen zu speisen. Der Wanderer schien schon vom Zusehen satt: Braten von

Schwein, Reh, Hirsch und Hasen, angerichteter Fisch, gesottene Vögel, dazu reichlich Kartoffeln, Pilzragout und Salate mit würzigen Knollen und leckerer Waldfrucht. Zum Trinken Met, Wein, Obstler und Obstsaft. Und die Lakaien trugen immer noch mehr auf. Der Wandersmann schlug sich den Bauch voll, es erquickte ihn sichtlich, er wurde munterer und kam ins Gespräch. Die ehrwürdigen Geister waren erfreut über solche Dankbarkeit und Beglückung, brachte sie ihnen doch Abwechslung in ihren tristen Alltag des Steineklopfens und Stapelns. So baten sie einen der Diener, den Reisesack ihres Gastes reichlich zu füllen. Nach der Labsal kam die Stunde des Abschieds. Mit herzlichem Dank und vielen Worten reichte der Wanderer seinen Bewirtern die Hand. Am Morgen fand er sich ein wenig müd' und zerschlagen auf dem richtigen Weg wieder. Und als er dann seine Tasche auftat, ward er geblendet: Goldgeschirr, Edelsteine, Silberbesteck in Menge fand sich darin, ganz so wie er es in der Höhle gesehen. Er begriff alle Schätze als Geschenke der guten Geister und wanderte frohen Muts weiter. Hinterm Berg siedelte er, war sparsam und genoss so seinen Reichtum, bis er hohen Alters verstarb.

Und weiter erzählt: Eines Sommers liefen zwei Mägde hinein in den Wald bei den Greifensteinen, denn sie wollten eine Abkürzung nehmen. Sie hatten Spreu gesammelt und schwer an ihrer Korblast zu tragen. Den Berg hinauf und dann hinab auf schmalem Weg machte das Unterfangen beschwerlich, Äste und Blattwerk schlugen ihnen ins Gesicht und es gar manches Mal blutig. Und die beiden wunderten sich, dass an manchen der Zweige Strohhalme hingen, ganz wie die Spreu, die sie beim Bauern gesammelt. Es war grade so, als wäre ein hochbeladener Wagen durch den Wald hier gefahren, von dem einzelne Halme losgerissen und hängen geblieben waren. Wie nun aber die Mädchen nach Hause kamen und die Spreu auf die Tenne schütteten, entdeckten sie drunter goldglänzende Halme, die gar kein Stroh waren, sondern tatsächlich von eitel Gold. Die Geister des Greifensteins hatten, wie sie es alljährlich taten, mit dem beginnenden Sommer etwas von ihren Schätzen auf der Welt oben verteilt. So waren die Goldstecken in die Körbe der Mägde gefallen. Die konnten es nicht fassen. Ihre Freude war groß. Auch der Forstmann des Reviers hatte solche Goldhalme mit sich getragen. Sie hingen so dicht von den Bäumen, dass kaum noch Begängnis möglich war. Als er nun dort hindurchchritt, fiel eine stattliche Anzahl selbiger auf seinen Hut und blieb liegen. So nahm der Förster viel vom Gold mit sich. Nun konnte sich seine Familie ein richtiges Jägerhaus leisten, das später zu einer Gastwirtschaft geworden. Die überkommene Mär sagt nicht genau, welches Restaurant es heute ist. Aber wir wissen, dass einige der goldenen Halme mit vermauert worden waren, damit sich das Glück niemals wende. So kratzen wohl viele der Gäste in den Wirtshäusern um den Greifenstein an den Wänden, um des Goldes habhaft zu werden.

Auch die Stadtpfeifer von Geyer wurden von den Greifensteiner Berggeistern beschenkt. Sie hatten bis nach Mitternacht im Thumer Ratssaale zum Tanz aufgespielt und traten in dunkelster Nacht den Heimweg über den Greifenstein an. Als sie in die Nähe der alten Felsen nun kamen, schienen die ihnen, in besonderer Weise zu glänzen. Einer der Musikanten schlug vor, zu Ehren des Greifensteins nun ein Liedchen zu spielen. Wie hingesagt, so getan: Die Stadtpfeifer von Geyer bliesen den Geistern eine muntere Weise. Als sie andererseits wieder herabstiegen, sahen die in den Fels gehauenen Stufen im fahlen Mondlicht wie matt schimmerndes Zinn aus. Sie meinten, der letzte Gewitterregen habe die Steine poliert und nahmen sie mit sich. Als ihre Kinder am Morgen in den Rucksäcken und Instrumententaschen nach Essbarem und kleinen Geschenken suchten, die ihre Väter mitgebracht hatten, wurden sie der metallenen Stufen gewahr. Die Frauen trugen sie in die Schmelze. Der Meister erkannte sofort: pures Silber! Er lohnte reichlich. Wenig Nutzen haben die Stadtpfeifer vom geschenkten Edelmetalle gehabt, es sei ihnen förmlich durch die Kehle geflossen, sagt man.

ⓘ Naturbühne Greifensteine: 09427 Ehrenfriedersdorf

Der legendäre Dresdner Kreisel

Brisant: Am 5. Oktober 1973, 11.13 Uhr wurde im UEFA-Europapokal der Landesmeister dem FC Bayern München der DDR-Meister Dynamo Dresden zugelost. »Der glamouröse westdeutsche Fußballclub mit seinen Weltstars Beckenbauer, Müller, Maier und Hoeneß gegen die jungen Wilden aus Sachsen, die seit ihrem Wiederaufstieg 1969 die DDR-Oberliga mehr und mehr dominiert haben. Hier also wird nun der ›wahre‹ deutsche Meister ermittelt. Ein Fest für die westdeutschen Medien, ein Fest für die ostdeutsche Propaganda, der perfekte Humus für einen sportlichen Klassenkampf.«

Bereits das Hinspiel am 24. Oktober 1973 wurde zum Spektakel. »Dass sie unterschätzt wurden, war den Sachsen spätestens klar, als sie einige ihrer Namen auf der Aufstellung falsch geschrieben fanden. Dabei hatten sie in den Jahren zuvor die Fans mit einem spektakulären Angriffsfußball begeistert, der in der DDR schon ehrfürchtig als Dresdner Kreisel goutiert wurde. Während das Star-Ensemble der Bayern nahezu in Bestbesetzung auflaufen konnte, hatten die Dresdner einen herben Verlust zu verkraften: Torjäger Hansi Kreische, eine ihrer zentralen Spielerpersönlichkeiten, fiel verletzt für Monate aus. Dennoch verging dem FC Bayern zeitweise Hören und Sehen, die Überheblichkeit gegenüber dem Zonenclub rächte sich rasch.« Nach der 1. Halbzeit führten die Dresdner in München 3:2. »Der damalige Präsident Wilhelm Neudecker lief in der Halbzeitpause aufgeregt in die Kabine und erhöhte die Siegprämie. Am Ende kamen die Münchner zu einem mühevollen

4:3, Franz Bulle Roth und der unvermeidliche Gerd Müller hatten das Spiel mit Ach und Krach noch gedreht.« Bei solchem Resultat war Spannung beim Rückspiel zu erwarten.

Legenden schreibt der Dresdner Fußball immer wieder. Forschungen belegen, dass bereits am 28. März 1874 in der Stadt eine Gesellschaft gegründet wurde, die sich *Dresden English Football Club* (D.F.C.) nannte. Die Herren betrieben ein Spiel, »bei dem die Bälle mit dem Fuße fortgeschleudert werden«. Bereits im Gründungsjahr zählte der Verein mehr als 70 Mitgliedschaften, vor allem junge Engländer, die aus beruflichen Gründen in der Landeshauptstadt weilten. Bereits zu den ersten Spielen kamen Hunderte Zuschauer zu den exotisch anmutenden, verrückten »einigen zwanzig jungen Männern in einem Costüm, und zwar zur Unterscheidung in verschiedenen Farben. Eine Art wollener oder seidener Unterjacken, mit und ohne Ärmel, kurz anliegende Beinkleider, die das nackte Knie sehen ließen, lange Strümpfe, sehr bequeme Schuhe oder Schnürstiefel bilden die Bekleidung.« Auch im Ergebnis waren die sächsischen Engländer den Heimischen überlegen. Das Torverhältnis aus sechs Spielen: 34:0.

Die Wurzeln der Turn- und Sportvereine liegen in Dresden weitaus früher. Auch andere Fußballvereine existierten bereits, als sich offiziell der Dresdner SC am 30. April 1898 in der Gaststätte des Hotels *Stadt Koblenz* gründete. Seinen Sportplatz fand er im Ostra-Gehege und spielte erstmals am 19. Oktober 1919 im neuen (späteren Heinz-Steyer-) Stadion. Alsbald war der DSC erfolgreich: mehrmaliger Sachsen- und mitteldeutscher Meister, deutscher Pokalsieger 1940, 1941, deutscher Fußballmeister 1943, 1944. Legendäre Mannen kickten: Helmut Schön (*1915; †1996), Richard Hofmann (*1906; †1983) oder Willibald Kreß (*1906; †1989). Gemäß der Kapitulationsbestimmungen wurde der DSC 1945 aufgelöst, und Mitglieder riefen die Sportgemeinschaft (SG) Dresden-Friedrichstadt ins Leben. Die spielte 1949 in der DDR-Oberliga und verlor 1:5 mit einem umstrittenen Spiel gegen ZSG Horch Zwickau die Meisterschaft. Daraufhin wechselte der Spielerstamm um Helmut Schön zu Hertha BSC, die SG Friedrichstadt wurde aufgelöst. Erfolgreich im Fußball danach nur ein Verein der Stadt, der unterm missliebigen Label SG Deutsche Volkspolizei Dresden kickte. Die Polizeivereine fusionierten DDR-weit zur Sportvereinigung Dynamo. Seit einer feierlichen Gründungsveranstaltung am 12. April 1953 im *Filmtheater Schauburg* hieß der Fußballclub fortan Dynamo Dresden und fiel aus der I. in die IV. Liga. 1969 stieg er auf ins Fußball-Oberhaus der DDR und blieb. Sein Spielplatz wurde das Rudolf-Harbig-Stadion (ab 1971 Dynamo-Stadion) am Großen Garten, das im Sommer 1969 die weithin sichtbaren vier dreibeinigen Giraffen als Flutlichtanlage erhielt. Giraffen, Trainer, Spieler und Spiele wurden legendär.

Im Juni 1969 übernahm Walter Fritsch (*1920; †1997) Dynamo Dresden und führte die Mannschaft in die goldenen Siebziger. Fünf DDR-Meistertitel und zwei Pokalsiege machten diese Zeit zur erfolgreichsten. 1973 gelang das erste Double, und das Publikum wählte sie zur Mannschaft des Jahres. Fritsch kreierte zudem den legendären Dresdner Kreisel, ein, was Taktik und Tempo angeht, äußerst anspruchsvolles System, mit dem die Zuschauer begeistert wurden, die Titel waren die logische Folge. Der Verein erlebte seine bis heute glanzvollste Zeit. Zu der nationalen Überlegenheit kamen mehrere grandiose Auftritte auf europäischer Bühne. In jenen Jahren prägten legendäre Namen das Dynamo-Spiel: Eduard Geyer (*1944, Bielitz), Hans-Jürgen »Hansi« Kreische (*1947, Dresden), Siegmar Wätzlich (*1947, Rammenau), Dieter Riedel (*1947, Gröditz), Gerd Heidler (*1948, Doberschau-Gaußig), Hans-Jürgen »Dixie« Dörner (*1951, Görlitz), Claus Boden (*1951, Dresden), Reinhard Häfner (*1952, Sonneberg), Peter Kotte (*1954, Thiendorf), Matthias Müller (*1954, Dresden), Hartmut Schade (*1954, Radeberg), Gerd Weber (*1956, Dresden).

1978, nach der dritten Meisterschaft in Folge, kündigte Erfolgstrainer Walter Fritsch, eine Fluchtaffäre dezimierte Spieler, gefühlter Abstieg. National musste/sollte/durfte fortan der Erich-Mielke-Club des BFC Dynamo Berlin gewinnen, konnte jedoch international nie etwas reißen. Bekannte Namen spielten bei der SG Dynamo Dresden und in der deutschen Nationalmannschaft auch weiterhin: Ralf Minge (*1960, Elsterwerda), Torsten Gütschow (*1962, Görlitz), Ulf Kirsten (*1965, Riesa), Matthias Sammer (*1967, Dresden), Sven Kmetsch (*1970, Bautzen), Jens Jeremies (*1974, Görlitz). Nach der Saison 1989/90 verließen den Verein seine besten Spieler gen Westen und nachfolgend viele Talente. Das Spiel gegen Roter Stern Belgrad 1991 wurde wegen Randale abgebrochen. Glücksritter und dubiose Geschäftemacher brachten den Club in den nächsten Jahren zur Viertklassigkeit der Oberliga Nord-Ost. Der Aufstieg gelang Dynamo Dresden bis (momentan) in die II. Liga. Doch sorgt/e der Verein mit Publikum und Chefetage immer wieder für Skandale. Das Stadion-Heft heißt seit 1997 *Dynamo-Kreisel*.

Rückspiel 1973: Die Ausgangsposition für Dresden nach dem 3:4 in München gut. Der 7. November holte ganz Deutschland vor die Fernsehapparate. 300.000 hatten Karten angefragt, 8.000 kamen in den Verkauf, 36.000 erhielten Funktionäre und verdiente Genossen. Bereits nach zwölf Minuten schien das Spiel entschieden: »Bayern-Coach Lattek hatte Gerd Müller ins Mittelfeld zurückgezogen und Uli Hoeneß in die Spitze beordert, und diese überraschende Finte ging auf. Dresdens Libero Dixie Dörner ließ sich aus dem Zentrum locken, Verteidiger Eduard Geyer konnte Hoeneß nicht folgen, der zweimal allein auf Torwart Boden zulief. Danach stand es 0:2. Dass Verteidiger Siegmar Wätzlich kurz vor der Pause der Anschlusstreffer gelang, hielt immerhin die letzten Hoffnungen der Dynamos am Leben. Die Minuten nach der Pause gehören zu den bemerkenswertesten in der Dresdner Fußballgeschichte. Es waren genau sieben, bis Hartmut Schade mit einem Kopfball der Ausgleich gelang. Weitere vier Minuten später fand ein Drehschuss von Flügelstürmer Reinhard Häfner den Weg vorbei an Torwart Sepp Maier. Jetzt stand es 3:2, womit Dynamo Dresden die nächste Runde erreicht hätte. Plötzlich machte das Rudolf-Harbig-Stadion, der sogenannte Hexenkessel der DDR, seinem Ruf alle Ehre. ›Dynamo, Dynamo!‹ hallte es durch das Rund, Clubfanatiker und Stasischergen waren für die gemeinsame Sache vereint. Und dann kam Müller. In seiner unnachahmlichen Art stocherte der Münchner Torjäger den Ball über die Linie. Nur zwei Minuten nach Häfners Führungstreffer. Das war's. Dynamo Dresden hatte nichts mehr zuzusetzen, es blieb beim 3:3. Erleichtert sanken die Bayern auf den Rasen des Harbig-Stadions, derweil die Dresdner ihr Unglück nicht fassen konnten.« Der FC Bayern München gewann sechs Monate nach dem Drama von Dresden den Cup gegen Atlético Madrid.

ⓘ *Hotel Stadt Koblenz*, Pfarrgasse 3 (zerstört)
Heinz-Steyer-Stadion: Pieschener Allee 1A, 01067 Dresden
Dynamo-Stadion: Lennéstraße 12, 01069 Dresden
Filmtheater Schauburg: Königsbrücker Straße 55, 01099 Dresden

Uwe Karte, Gert Zimmermann: *Dynamo Dresden. Das Buch zum Verein 1953–1993*. Leipzig 1993.

Ingolf Pleil: *Mielke, Macht und Meisterschaft. Dynamo Dresden im Visier der Stasi*. Berlin 2001.

Legenden vom Berge des Trösters

inter den schlanken Schäften der Buchen, die den Platz hallengleich überschatten, führt der Weg einige Stufen hinauf zur Ruine der Klosterkirche. Auf den Mauern wächst Rasenschmiele, und dort oben nickt ein kleines Birkenbäumchen fröhlich im Winde und zappelt mit seinen Blätterherzchen in der lichten Sonne. Mauerschwalben huschen durch die spitzen Fenster, und weiße Wolken schweben über die hohe Halle wie schöne Gedanken frommer Unschuld. Noch heute tragen die zerbröckelten Trümmer das Antlitz unendlicher Erhabenheit und das Gefühl der Weihe und des Heiligen ist mit diesen hochstrebenden Mauern vereinigt. Es ist dies eine der schönsten Kirchenruinen des ganzen deutschen Landes.« Der sächsische Hofmaler Johann Alexander Thiele schuf ein Bildnis von den Ruinen des Oybins und begeisterte seine Kollegen, die Romantiker Dresdens Carl Gustav Carus und Caspar David Friedrich. Daraufhin wurde die malerische Anlage auf dem Berge bei Zittau Sehnsuchtsort und Kult und 1877 als Publikumsmagnet saniert.

Der Oybin ist ein »Felshügel aus gelbem Sandstein von 103 Meter Höhe, mit mannigfachen Felsenlagern, Klippen, tiefen Spalten und Schluchten, überall umgrünt von vielerlei Blumen und Strauchwerk. Er liegt in einem kleinen Tale, umgeben von höheren Bergwänden.« Da nimmt es nicht Wunder, dass Ahnen an jenem unheimlichen Orte manch Sagenvieh, Gespenst und Geist erscheinen und wieder verschwinden sahen. Ein Tier steht immer zur Ansicht – der Ziegenbock an der Nordseite des Felsens. Steine, Moos und Geröll haben solche bizarre Form geschaffen, dass es unten anmutet, als spränge eine Gams vom Stein mit mächtigen Hörnern: ein natürlicher Ursprung.

Und auf sagenhaftem Berge vermutet man sagenhafte Schätze: Natürliches Edelmetall und solches, das Bewohner und Diebe vergruben. Man sagt: Selbst Räuber Karasek hat sein Diebesgut hier versteckt, weil er seine Werte an diesem Ort vor unberechtigtem Zugriff ganz sicher wusste. Von ihm werden über 40.000 Taler auf dem Oybin vermutet. Wo sie aber liegen, die Stelle bleibt ungewiss, denn der Zugriff blieb bis heute aus. In eine Schlucht an der östlichen Flanke habe sich ein Ritter im Jahr 1348 zu Tode gestürzt, als er sein auf dem Plateau gelegenes Felsennest, die Raubritterburg, gegen das Heer des Kaisers Karl IV. verteidigte. Erfolglos stürzte er sich eben da in der darauf benannten Ritterschlucht einfach zu Tode und nahm all seine Geheimnisse mit sich hinab. Denn auch von seinen Mannen, sagt man, seien unermessliche Schätze auf dem Oybin versteckt und vergraben. So sucht man noch heute nach diesen und jenen Wertanlagen.

2.

Eine Besiedlung des 514 Meter hohen Berges im Zittauer Gebirge ist seit der Bronzezeit nachweisbar. Droben stand zunächst besagte Raubritterburg, die die Kaufleute überfielen und ausplünderten, welche von Görlitz und Zittau kommend gen Prag zogen. Dann nahm der König auf dem Berge Quartier. Als Wenzel geboren, firmierte der böhmisch-deutsche Thronfolger in Frankreich unter dem Namen Karl und avancierte zu Kaiser Karl IV. (*1316;

†1378). Sehr gläubig, ließ er auf dem Hradschin den Veitsdom errichten und machte Prag zur goldenen Stadt. Freizeit und Ruhe genoss Karl IV. zu Karlstein oder auf dem Oybin.

Von seinem Lieblingsfelsen hatte er die Raubritter in harten Kämpfen vertrieben. 1364 ließ er auf des Berges Plateau sein Kaiserhaus errichten, das er zu seinem Alterswohnsitz erkor. Er stiftete dort ein Kloster und siedelte Cölestiner-Mönche aus Frankreich an. Die dem heiligen Geiste gewidmete Kirche verantwortete der Prager Dombaumeister, sie wurde 1384 geweiht. Daneben stand eine Wenzelskapelle, denn die Fertigstellung des Kulturpunkts hat der Kaiser Karl nimmer erlebt. »Achtzehn Jahre brauchte man um diesen wundervollen Dom auszuführen, und einundeindreiviertel Jahrhundert haben hier die Cölestiner auf dem Berg des Trösters gebetet.« Ihre Bibliothek barg die Erzählungen und wissenschaftlichen Schriften der Zeit. Die Hussiten griffen den Oybin zweimal an und mussten kapitulieren. Der Prager Domschatz war auf dem schwer zu erklimmenden Felsen gelagert. Allerheiligen 1458 brannte »stracks nach der Hochmess« die Klosterpförtnerei (heutiges Schneiderstübchen) darnieder, und die Gläubigen meinten, ein Geist habe das Feuer gelegt. Gebrannt hat's immer wieder: Im Zuge der gewalttätigen Zeiten der Reformation flüchteten wohl viele ehrbare Bürger auf den Oybin, doch die Mönche gaben alsbald das Kloster auf. Viele ihrer überbliebenen Preziosen und Bücher sind auf schlesische Klöster und die Universität Breslau übergegangen. Nicht alles, was Wert hatte, ward verteilt, manches versteckte man auf dem Felsen. Noch immer »sollen unter der Steinplatte vor dem Altarsockel unermessliche Schätze liegen«.

Andererseits: Wenn man über den ehemaligen Kreuzgang und Friedhof geschritten ist (und sich der heutigen Gastwirtschaft zuwendet), gewahrt man rechts am Wege, unter einer mächtigen Felsnase, eine in den Stein gehauene, mehrere Ellen tiefe wasservolle Zisterne, auch »die schwarze Pfütze« genannt. An deren Grunde finden sich steinerne Platten, von denen eine mit einem Kreuze markiert ist. Diese soll einen Geheimgang verschließen. Der unterirdische Weg führe zu jenem Raum, in welchem die Raubritter all ihre Schätze gehortet. Nur in der Johannisnacht (andere meinen am Totensonntag), zu mitternächtlicher Stunde, sei es nun möglich, darein zu gelangen, denn nur zu dieser Zeit sei »die schwarze Pfütze« vom Wasser ganz frei.

Das hatten sechs wackere Burschen aus dem Dorfe vernommen und wollten sich damit reich machen. Unter ihnen einer namens Bröckelt, der etwas wunderlich mit seinem roten Mützchen vor den andern hervorstach. Die jungen Mannen erklommen mit Hacke und Spaten und Schaufeln den Fels und versprachen sich mutig, kein Wort bei der Grabung zu sprechen, denn jeder Laut mache ihre Arbeit zunichte. Als es zwölfe schlug drunten im Tal, verlief sich alles Wasser unerklärlicherweise aus der Zisterne. Das in die Steinplatte gemeißelte Kreuz wurde sichtbar, die sechs begannen, den Gang freizulegen. Doch welch Entsetzen! Mit einem Mal stehen am Rande der »schwarzen Pfütze« furchtbar abscheuliche Gestalten behaftet mit Hörnern und Kuhfuß und Schwanz. Die Gespenster achteten nicht der Arbeit von Bröckelt und seinen Genossen, sie hatten selbst zu schuften und richteten wohl einen Galgen auf auf dem Friedhof. Kalter Schweiß rann den Oybiner Schatzgräbern von ihrer Stirne, doch achteten sie der Teufel nicht und buddelten weiter, das Gold schon vor Augen. Und siehe! Die Platte begann, sich zu lösen. Neuer Mut vermehrte all ihre Kräfte. Die Burschen waren eben dabei, den Stein zu heben, da geriet ihnen der Blick doch wieder nach oben:

Welch Grauen! Der Galgen stand, seine Schlinge baumel-
te im Wind. Dazu ertönte eine Stimme ganz teuflisch und
tief: »Welchen von euch Geldgierigen soll ich nun hängen?«
Die sechs Mutigen verließ ihr Mut. »Den mit dem roten
Mützchen nehm' ich«, spricht's weiter. Oh, mein Gott!
Der Bröckelt kniete nieder, reckte seine dreckigen Hände nach oben und flehte: »Lasst Gnade über mich walten!
Gnade erbitt ich von Euch! Nur Gnade!« Mit diesen Worten war alles vorbei. Knall! Bums! Gedröhne. Der Galgen
verschwand mitsamt den Teufeln. Die Steinplatte rutschte
in ihre alte Lage zurück, und das Wasser begann, in »die
schwarze Pfütze« zurückzulaufen. Die sechs Schatzgräber
vermochten nur durch eilige Flucht, ihr Leben zu retten.
Lange haben sie übern Fehlversuch, reich zu werden, ge-
schwiegen. Dann aber konnte der Bröckelt seinen Mund
nicht mehr halten, nahm sein Mützchen ab in der Kneipe und erzählte. So erfuhren nun alle von der lächerlichen
Schatzbergung und haben es weiter und weiter erzählt.

3.

Auf des Oybins südlicher Seite erkennt man eine tiefe in
den Stein gerissene Kluft, von der gesagt wird: Die sei der
Jungfernsprung. Von dem heißt es: Der Junker von Tollenstein war gern beim Michelsberger auf dem Oybin. Sie
waren raue Gesellen und tranken auf dem Berge und unten im Dorf und auf Reisen und wenn sie bei ihren Frau-
en lagen. Manchmal zogen sie gemeinsam auf Pirsch und
jagten die Weiber, die ihnen gefielen. So erschaute der Junker eines Tages auf dem Wege zu seinem Freunde ein Mägdelein: liebreizend hold, in ihrer Jungfernblüte wie ein Rös-
lein im Mai. Sie pflückte Blumen in aller Unschuld. Er ritt
nicht vorüber, sondern in ihm entbrannte augenblicklich

die Gier: Die muss mir gehören! Er sprach das Fräulein an und bat um Gefälligkeit. Sie wies ihn ab. Da ließ sie der liebestrunkene Junker durch seine Knappen ergreifen. Alles Bitten und Flehen und Schreien half der Maid nichts, der Tollenstein setzte sie auf den Oybin ins Verließ, doch ihren Sinn wandelte das Mädchen auch nicht in strenger Haft. Sie fand gar in der Tochter des Herrn Michelsberger eine Busenfreundin, die sie bei ihren Fluchtplänen unterstützte. Die Wächter waren mit anderen Dingen beschäftigt, die Maid haute ab. Doch unachtsam verursachte sie einen Lärm, und ihr Verschwinden ward vorschnell entdeckt. Die Jungfer irrte auf dem hohen Felsen umher. Die Häscher liefen ihr hinterdrein. Jede Minute Verzug bedeutete ihren sicheren Tod. Doch waren die Wege für sie nicht mehr nutzbar. Sie erklomm eine Mauer und stand vor dem Nichts. Tief, dunkel und ohne Hoffnung gähnte der Abgrund ihr entgegen. Nur ein kurzes Bedenken, dann setzte das Mädchen zum Absprunge an. Glücklich landete sie auf einer Felszacke und hüpfte von dort von Klippe zu Klippe bis auf den Boden. Von oben schauten die Ritter auf sie hinab und konnten das Glücksstück nicht glauben. Tollenstein tobte, dem Volk wurde die Jungfer Legende.

Diese Geschichte wird auch anders erzählt: Nicht der Tollenstein jagte einem Mägdelein hinterdrein, sondern ein geiler Mönch einer Nonne. Aber auch sie wagte den gefährlichen Sprung, rettete so Ehre wie Leben. Und noch eine Variante der männlichen Brunst wird berichtet: Es war ein verliebter Jäger, der die angebetete Magd auf ihrem Weg zum Oybin verfolgte. Dort angekommen, trat er ihr nah, die Maid versteckte sich im Dickicht hinter der Kirche. Der Jäger war im Spurenlesen geübt und entdeckte sie. Sie hetzte von dannen. Ausgang bekannt: Abgrund, Absprung, glückliche Niederkunft. Jugend und Tugend, sie leben!

4.

Am Abend Allerseelen,
da rauscht es auf dem Oybin,
wie wenn viel' Beter nieder
im stillen Dome knien.
Da wispert's und da flüstert's
mit Stimmchen leise und fein,
schwebt summend wie Bienen auf
aus düst'rem Felsengestein.
Das sind des Berges Heimchen,
sich sammelnd Paar für Paar,
der Tiefe Zwerge wallend
zur Kirche Schar um Schar.
In ihrer Mitte schreiten
die Priester in langer Reih',
sie tragen Kerzen und Fackeln
und singen die Litanei.
Und wenn vom Chor die Orgel
die ersten Töne aussät,
bekleiden sich all die Trümmer
mit einstiger Majestät.
Da schießt zu sonnigen Lauben
ein Wald von Säulen auf
und weiße Gottestauben
entschweben wohl jedem Knauf.
Da leuchtet's an den Wänden
mit überirdischem Schein,
die Heiligen in den Blenden
schauen ernsten Blickes drein,
Und die Fensterrosen blühen
wie steinerne Kelche Pracht,
so geschieht es alljährlich
in der Allerseelen-Nacht.

Wenn es eins schlaget vom Turme,
da rauscht es auf dem Oybin,
wie wenn erschrockene Vögel
durchs Dickicht raschelnd fliehn.
Ein ängstlich Trippeln und Trappeln
erstirbt in naher Kluft
und alles ist wieder verschwunden,
verklungen in Nacht und Luft.
Im tiefen Schweigen stehen
die Trümmer als wie zuvor
und Spinnwebkränze wehen
von oben wie weißer Flor.
Windhalm und Raute wiegen
sich auf dem Mauersaum
und Dorf und Täler liegen
unten in herbstlichem Traum.

5.

Wenn es oben auf dem Berge Sagen hat, so gibt es sie auch
zu seinem Fuße. Einst saß im Oybiner Kretscham der Orts-
richter und sprach Recht. Aber sein Job und das Private waren ihm sehr zuwider, so dass er beschloss, aus dem Leben
zu scheiden. Er mordete sich selbst und wurde begraben.
Doch fand er keine Friedhofsruhe und geisterte nachts im
Dorfe herum. Oft schreckte er Gäste und die Bewohner
des Kretschams. Was nun alle die Experten für solche Fälle von Wiedergang rieten – Räucherstäbchen, Weihwasser,
Schamanentum –, nichts zeigte Wirkung, der Geist saß im
Haus fest. Bis sich der Zittauer Henker ein Herz fasste und
dem Übernatürlichen eine Falle stellte. Der Henker legte
einen Sack aus im Kretscham und lockte den umhergehen-

den Geist in ihn hinein. Als er darinnen, schlug sein Gehilfe mit einem Knüttel kräftig auf den Sack ein. Als der stille, wurde der zu den Nassegrabensteinen transportiert und mit Zeremonie in den Felsen verbannt. Im Kretscham ließ sich der Geist nie wieder sehen (man hat auch ein neues Gebäude an die Stelle des alten gebaut). Aber die Beerensucher am Bannfelsen bringen von seiner Erscheinung stets wieder Kunde.

Wenn man von Oybin kommend die Fahrbahn gen Lückendorf am Kelchstein vorbeigeht, erkennt man links ein einem Schiffsrumpf ähnlichen Felsen. Dorten wird's in Herbstnächten gefährlich, denn der wilde Jäger geistert herum. Er trägt einen grünen Frack, einen schwarzen Dreireiher, weiße Hosen und Handschuhe und Stiefel bis über die Knie. Er bietet Wanderern seine Hilfe und führt sie in die Irre. Händlern erschwert er ihre Lasten. Die Pferde äfft er, so dass sie scheuen. Die Wagen zwingt er zum Halten und kontrolliert. Manche meinen, es sei ein vom Zoll bestellter Detektiv, der Schmugglern das Handwerk legen soll. Andere vermuten, er sei von Naturschützern bestellt, um eine Überlaufung des kleinen Gebirges zu verhindern. Wie dem auch sei: Viele der Heimischen wissen von ihm zu erzählen.

Und überhaupt ist's um den Oybin des Nachts niemals sicher: Bei sternenlosem Himmel, möglichst noch Nebel, heult's, scheppert's und pocht's um die Mitternachtsstunde allüberall. Dann stürzen schwarze Vögel hinab auf die Burg und das Dorf und zerhacken Menschen und Vieh, ist's nicht im Stall. Es winselt und wimmert. Bald dröhnt es in den Ruinen von Schlägen. Waffengeklirr ist vernehmbar und Aufmarschgeräusche, Trompetensignale, Pferdegewieher und markerschütternde Schreie. Es ist die letzte Schlacht, die der Michelsbach schlägt immer wieder. Michelsbach war jener böse Geselle, der dem Junker von Tollenberg das Mädchen festhielt. Er war jener grausame Räuber, der die friedlichen Kaufleute niedermachte und ihre Waren fortnahm. Er war jener, der den Oybin gegen den Kaiser verteidigte bis aufs Blut. Nun findet der Michelbach keine Ruhe und muss in jeder dunklen Nacht wieder kämpfen: die gleichen Schlachten, die gleichen Gegner, der gleiche Tod. Schrecklich, fürwahr.

ⓘ Gemeinde Oybin: 02797 Oybin
Berggasthof Oybin: Hauptstraße 24, 02797 Oybin
Johannes Renatus: *Die letzten Mönche vom Oybin*. Leipzig 1938.
Frank Nürnberger, Bernd Hauser: *Oybin – Das Juwel des Zittauer Gebirges*. Spitzkunnersdorf 2003.
Klaus W. Hoffmann: *Rache auf dem Oybin*. Leipzig 2011.
Alfred Moschkau: *Ritterburg und Kloster Oybin. Beschreibung, Geschichte und Sagen*. Dresden 2013.

Legenden der Bürger zu Schilda

Einmal erhandelten die Bürger von Schilda eine sehr schöne Venus von Elfenbein, die man unter die Meisterstücke Michelangelos zählte. Sie war ungefähr fünf Fuß hoch und sollte auf einen Sockel im Park als Liebesgöttin gestellt werden. Als sie angelangt war, geriet die ganze Stadt in Entzücken über die Schönheit ihrer Venus, denn die Bewohner gaben sich für feine Kenner und schwärmerische Liebhaber der Künste aus. ›Sie ist zu schön‹, riefen sie einhellig, ›um auf einem niedrigen Platze zu stehen. Ein Meisterstück, das der Stadt so viel Ehre macht und so viel Geld gekostet hat, kann nicht zu hoch aufgestellt werden. Sie muss das Erste sein, was den Fremden beim Eintritt in unsere Stadt in die Augen fällt.‹ Diesem glücklichen Gedanken zufolge stellten sie das kleine niedliche Kunstwerk auf einen Obelisk von achtzig Fuß Höhe, und wiewohl es nun unmöglich war, zu erkennen, ob es eine Venus oder eine Quellnymphe vorstellen sollte, so nötigten sie doch alle Fremden zu gestehen, dass man nichts Vollkommneres vorher schon einmal gesehen haben könnte.«

Bereits die Volksbücher und Autoren des hohen Mittelalters berichteten über einen sagenhaften Menschenschlag: »Mitten in Deutschland lag eine Stadt, die Schilda hieß. Ihre Bewohner nannte man deshalb die Schildbürger. Das waren seltsame Leute. Alles, was sie taten, machten sie falsch. Und alles, was man ihnen sagte, nahmen sie genau so, wie man es ihnen sagte. Wenn zum Beispiel jemand zu ihnen sagte: ›Ihr habt ja ein Brett vor dem Kopf!‹, dann griffen sie sich an die Stirn und wollten das Brett wegnehmen. Und wenn jemand zu ihnen sagte: ›Bei euch piept's ja!‹, so blieben sie ganz ruhig stehen, um genau hinzuhören. Nach einiger Zeit sagten sie dann: ›Es tut uns leid, aber wir hören nichts piepen.‹ So viel Dummheit wurde natürlich bald überall bekannt. Und überall lachte man über diese Schildbürger. Aber kann man eigentlich so dumm sein? Nein, so dumm kann man nicht sein! Und so dumm waren die Schildbürger eigentlich auch nicht.« Die Schildbürger stellten sich dumm, weil sie schlau waren. Das ist probate Strategie gegen Willkür und Macht. Und das wiederum lässt nach realen Vorbildern suchen. Nun hat es diese beschriebene Stadt Schilda nach eingehender Recherche niemals gegeben. Heute beanspruchen mindestens neun Gemeinden in Deutschland, Vorbild der Schildbürger zu sein, und noch immer werden es mehr. Alle, aber auch alle haben dafür gute Argumente.

Nun meinen auch Sachsen, die einzig wirklich wahren Schildbürger zu sein. So die Stadt Sayda im Erzgebirge. Die Beweislage dafür ist aber schwach und offiziell verweist niemand mehr darauf. Besser belegt scheint die Herkunft der Schildbürger aus Schildau. Die Stadt wurde in Chroniken und frühen Aufzeichnungen der Behörden ja auch Schilda und Schilde genannt. Sie liegt am Nordrand der Dahlener Heide zwischen Mockrehna, Belgern und Hohburg. Ihr Schildberg misst erstaunliche 217,2 Meter über NN bereits. Und noch drauf auf dem Berg steht der feldsteingemauerte Schildbergturm mit 25 Meter an Höhe. Schildberger – Schildbürger: Die Verbindung liegt nah. Längst sind die Schildauer stolz auf diese Genealogie und haben mit Enthusiasmus ein Schildbürgermuseum eröffnet, das an die »Originalschauplätze« führt und einiges zu sehen gibt. Gegenwärtig ist unter einem »Schildbürgerstreich« nicht mehr ein Ausbund an Intelligenz zu verstehen, vielmehr benutzt man das Wort für »jemand, der durch sein törichtes, engstirniges Verhalten und Handeln bewirkt, dass bei bestimmten Vorhaben deren eigentlicher Zweck in ärgerlicher Weise verfehlt wird«. Also Behördenversagen, Fehlentscheidungen und -investitionen, Machtherrlichkeit oder Steuerverschwendung. Davon gibt es auch in Sachsen gar manche:

Schkeuditz 2008: »32 Millionen Euro kostete die Steuerzahler die Errichtung eines modernen Luftfrachtumschlagbahnhofs am Flughafen Leipzig. 7,25 Millionen Euro davon zahlte der Freistaat Sachsen, das übrige Geld stammt aus EU-Fördermitteln. Das Problem: Obwohl das Bauvorhaben 2008 fertiggestellt wurde, fahren bis heute keine Züge. Einzige Ausnahme: ein Probezug der DHL zwischen Leipzig/Halle und Frankfurt am Main.«

Gelenau 2016: »Ein Bahnübergang war von der Bahn mit öffentlichen Mitteln für 700.000 Euro gebaut worden. Um Steuergeld zu sparen, wurde ein geplanter Radweg an der S 95 gleich mit ins Bauvorhaben genommen. Man errichtete also für Radler zum Gleisübergang eine kleine Schrankenanlage. Der Radweg selbst aber fehlt.«

Dresden 2014: »Am Elbhang, abgeschieden auf einem schmalen Weg mit ganzen drei Anliegern, steht ein Poller, der kein Fahrzeug vorbeilässt. Errichtet wurde er in einer Nacht- und Nebelaktion, und keiner weiß warum – bis heute nicht. Postboten schleppen seither ihre Pakete den Berg hinauf. Nicht mal der Krankenwagen kann mehr durch. Die Anwohner sind sauer. Der Poller bleibt stehen.«

Fakt aber ist: »Keine Luft ist so dick, kein Volk so dumm, kein Ort so unberühmt, daß nicht zuweilen ein großer Mann daraus hervorgehen sollte, sagt Juvenal. Pindar und Epaminondas wurden in Böotien geboren, Aristoteles zu Stagira, Cicero zu Arpinum, Virgil im Dörfchen Andes bei

Mantua, Albertus Magnus zu Lauingen, Martin Luther zu Eisleben, Sixtus der Fünfte im Dorfe Montalto in der Mark Ancona, und einer der besten Könige, die jemals gewesen sind, zu Pau in Bearn. Was Wunder, wenn auch Schilda, zufälligerweise, die Ehre hatte, dass einer der großen Führer der vaterländischen Kriege in ihren Mauern das Leben empfing!« Schildau hat deshalb dem großen Sohne ein Denkmal gewidmet: August Graf Neidhardt von Gneisenau (*1760; †1831). Der legendäre General meinte: »Ich meinerseits halte die Cholera weder für so ansteckend noch für so gefährlich, wie mir gesagt wird.« An der Cholera ist er verstorben. Das Schildbürgermuseum widmet dem Helden einen eigenen Raum.

»Die Geschichte der Schildbürger kann also mit gutem Fug als eine der wahrsten und zuverlässigsten, und eben darum als ein getreuer Spiegel betrachtet werden, worin die neuern ihr Antlitz beschauen, und, wenn sie nur ehrlich gegen sich selber sein wollen, genau entdecken können, inwiefern sie ihren Vorfahren ähnlich sind. Es wäre sehr überflüssig, von dem Nutzen, den das Werk in dieser Rücksicht, so lange als es noch Schildbürger geben wird – und dies wird vermutlich lange genug sein –, stiften kann und muss, viele Worte zu machen. Wir bemerken also nur, daß es beiläufig auch noch diesen Nutzen haben könnte, die Nachkömmlinge der alten Deutschen unter uns behutsamer zu machen, sich vor allem zu hüten, was den Verdacht erwecken könnte, als ob sie entweder aus Schildaer Blute stammten oder aus übertriebner Bewundrung der Schildaer Art und Kunst und daher entspringender Nachahmungssucht sich selbst Ähnlichkeiten mit diesem Volke geben wollten, wobei sie aus vielerlei Ursachen wenig zu gewinnen hätten.«

ⓘ Museum der Schildbürger: Marktstraße 14, 04889 Schildau

Der Schildbürger wunderseltsame, abenteuerliche, unerhörte und bisher unbeschriebene Geschichten und Thaten. Leipzig 1838.

Gustav Schwab: *Die Schildbürger.* Berlin/Leipzig 1912.

Erich Kästner: *Die Schildbürger.* Basel/Mährisch Ostrau 1938.

Der legendäre Vater der Dämonen

Kaum war ich auf die Straße hinausgetreten, da schien es plötzlich, als gäbe es nichts Widerwärtigeres als den Typ der Dresdner Frauen«, schrieb Fjodor Michailowitsch Dostojewski (*1821; †1881) im Sommer 1863 an den Freund in St. Petersburg. Dostojewski – eine sächsische Legende?

Der Weltliterat ist natürlich Russe, kein Sachse. Doch war Dostojewski bei all seinem Hass auf die Deutschen Sachsen verbunden. Er hat in Dresden gewohnt und wusste das Land an der Elbe zu schätzen. So schreibt er in den *Dämonen* (1872): »Wissen Sie, ich möchte Ihnen raten, doch lieber nach Dresden zu gehen, und nicht nach den stillen Inseln. Erstens ist das eine Stadt, in der es noch nie eine Epidemie gegeben hat, und da Sie doch ein geistig entwickelter Mensch sind, so fürchten Sie sich gewiss vor dem Tode, zweitens liegt sie nicht weit von der russischen Grenze, so dass man dort schneller die Einkünfte aus dem liebenswürdigen Vaterlande erhalten kann; drittens hat sie in ihren Mauern eine Menge sogenannter Kunstschätze; nun und schließlich hat die Stadt sogar noch ihre eigene kleine Schweiz, in Taschenformat – das aber ist doch für die poetische Inspiration sehr zuträglich, zumal Sie doch sicherlich zu dichten pflegen. Mit einem Wort, ein Schatz in einer Schnupftabakdose.«

Und was dem Romanhelden empfohlen wird, beruht auf Erfahrung. Dostojewski hat mehr als zwei Jahre in der Residenz an der Elbe gelebt. Der Autor floh zunächst 1867 vor seinen Gläubigern. Er hatte sich verspekuliert, die schriftstellerische Tätigkeit brachte nicht den erhofften Gewinn, trotz großer Romanveröffentlichung *Schuld und Sühne* (1866). Die Wochen vom 1. Mai bis 3. Juli 1867 verbrachte das junge Ehepaar an der Elbe und mietete in der Johannisstraße bei Madame Zimmermann »zwei große ordentlich möblierte Zimmer und einen Schlafraum, für 17 Taler mit Wäsche, Geschirr und allem Notwendigen«. August 1869 kamen sie an die Elbe zurück und nahmen in der Victoriastraße Quartier. An der materiellen Misere der Familie hatte sich nichts geändert. »Wie kann ich arbeiten, wenn ich hungrig bin und sogar meine Hose versetzen muss, um mir die zwei Taler für das Telegramm zu verschaffen? Hole mich der Teufel und meinen Hunger! Aber sie, meine Frau, die jetzt ihr Kind stillt, musste selbst ins Leihhaus gehen und ihren letzten warmen wollenen Rock versetzen!« Tochter Ljubow wurde dem Paar in Dresden geboren. Und doch zog es den Meister wieder hin zum Glücksspiel und an den Roulettetisch. Einen solchen fand er in Dresden nicht und verließ die Stadt zunächst allein in Richtung Bad Homburg. Gattin mit Kind folgten Januar 1871. Spuren von ihnen sind nicht mehr zu finden. Die Wohnhäuser in der Johannis- und Victoriastraße fielen der Bombennacht des 13. Februar zum Opfer. Sie hatten sich am südlichen Ausgang des Stadtzentrums (in der Nähe der Prager Straße) befunden.

Wenn schon nicht von den Dresdner Frauen, so ist Dostojewski von der Gemäldegalerie begeistert. Seine Gattin vermerkt am 26. Juni 1867: »Fedja kann die Madonna nie genau sehen, weil seine Augen nicht so gut sind und er keine Lorgnette hat. Da fiel ihm heute ein, vor der *Sixtinischen Madonna* auf einen Stuhl zu steigen, um sie aus der Nähe betrachten zu können. Mir war natürlich ganz klar, dass er zu einer anderen Zeit um nichts in der Welt so viel Aufsehen erregt hätte, aber heute tat er es. Ein Saaldiener trat zu ihm und sagte, das sei verboten. Kaum war der Saaldiener aus dem Raum gegangen, als Fedja mir erklärte, es sei ihm gleichgültig, auch wenn man ihn hinausweise, er wolle noch einmal auf den Stuhl steigen und sich die Madonna ansehen; wenn es mir unangenehm sei, solle ich in einen anderen Raum gehen. Das tat ich auch. Kurz danach kam Fedja und sagte, er sei auf den Stuhl gestiegen und habe sie sich genau angesehen. Ich schalt ihn natürlich, aber er meinte, was denn daran so wichtig sei, ob sie ihn aus der Galerie verwiesen, Lakaien hätten eben Lakaienseelen. Der Saaldiener ist ganz unschuldig, er darf doch Unordnung nicht dulden.« Und tatsächlich finden Gemälde der Dresdner Galerie wie Tizians *Zinsgroschen* und Claude Lorrains *Acis und Galatea* Erwähnung im Werk. Von Dostojewski selbst ist folgende Anekdote übermittelt:

»Die Dresdener Gemäldegalerie ist in der ganzen Welt so berühmt, daß mir sicher jeder gebildete Dresdener, dem ich begegne, den Weg zeigen können wird, dachte ich mir. Als ich ein Stück gegangen war, fragte ich einen Deutschen von höchst ernstem und gebildetem Aussehen: ›Gestatten Sie die Frage: Wo ist hier die Gemäldegalerie?‹

›Die Gemäldegalerie?‹ Der Deutsche blieb nachdenklich stehen.

›Ja.‹

›Die Königliche Gemäldegalerie?‹ (Er betonte besonders das Wort ›Königliche‹.)

›Ja.‹

›Ich weiß nicht, wo diese Galerie ist.‹

›Gibt es denn hier noch irgendeine andere Galerie?‹

›Nein, es gibt keine andere.‹«

Auch geben die Aufzeichnungen Anna Grigorijewnas Dostojewskajas ein sehr anschauliches Bild damaliger Verhältnisse bis hin zur persönlichen Misere um die ausgegebenen Groschen. »Der sächsische Wein ist sehr schwer und schrecklich sauer, dafür aber billig – 12 ½ Sgr. für die Flasche.« Auch das klingt wenig euphorisch. »Wir kamen in die Neustadt. Hier ist es sehr viel langweiliger als auf der anderen Seite, viel öder, es gibt weniger Geschäfte, und es ist nicht so lustig. Wir gingen am Japanischen Palais vorbei, in dem es erstklassige japanische Vasen und viel edles Porzellan geben soll. Endlich erreichten wir den Bahnhof, brachten das Nötige in Erfahrung und gingen im Park vom Japanischen Palais zurück, der direkt am Fluss liegt. Hier gibt es nichts Besonderes zu erwähnen, außer vielleicht ein paar Blumenbeete, doch vom Garten führt seitlich eine Allee zur Körnerstraße, einer Sackgasse. Hier fanden wir am zweiten Haus die Tafel, ›In diesem Hause lebte der deutsche Dichter Körner‹, ja sogar, dass sein Freund, Friedrich Schiller, im selben Hause bei ihm gewohnt habe. Durch diese enge hässliche Straße wandelte also einst der große Dichter!«

An anderer Stelle vermerkt sie: »Es wurde uns langweilig, auf der Terrasse zu sitzen, und so begaben wir uns in den Grand Jardin. Das ist auf unserer Seite. Wir gingen durch den Donaischen Schlag, dann nach links und wieder nach rechts und kamen an eine Baumschule, an deren Rand sich ein Restaurant befindet. Hier war viel Volks, meist alte Männer und Frauen und eine Menge Kinder, überhaupt gibt es in Dresden schrecklich viele Kinder – bald sieht man sie umherlaufen, bald sind sie in der Wiege, bald auf jemandes Arm. Wir gingen hinein. Man mußte etwas bestellen, ich bat also um einen Kaffee. Er war sehr schlecht, wohl aus Gerste. Fedja bestellte Bier. Wir fragten, wo der Zoologische Garten sei. Ein breiter Weg mit einem Schild *Für Reiter* führte dorthin, ein anderer Weg ist für Kutschen bestimmt, schließlich gibt es auch einen Fußweg. Welch seltsame Ordnung, geradezu ärgerlich – warum kann nicht jeder da gehen, wo er will; warum muss man denn immer unbedingt festlegen, wo einer gehen oder reiten darf?« – »Heute ging ich auf den Altmarkt. Das ist ein fliegender Markt, die Ware wird auf Bänken ausgestellt, die nachts zur Seite geschoben werden. Hier kann man alles kaufen: Nägel, Schuhe, Butter, Rechenbretter, Bücher, Bilder – wirklich alles. Und vor allem einen widerlich stinkenden Käse, so dass ich bestimmt erbrechen müsste, wenn ich gezwungen wäre, ihn zu essen. Aber die Deutschen essen ihn mit Vergnügen. Er riecht so stark, dass es bei dem Gestank sogar schwerfällt, über den Markt zu gehen.«

Gute Erinnerungen sind Dostojewski an die Elbmetropole geblieben. Dresden ist stolz und hat seinem berühmten Gast ein würdiges Denkmal von Alexander Rukawischnikow setzen lassen. Das Urteil zu den widerwärtigen Dresdner Frauen hat Dostojewski letztlich revidiert: »... dann wurde ich mir klar darüber, dass mein Urteil übelster Verleumdung gleichkam«.

ⓘ Dostojewski-Denkmal: Ostra-Ufer 2, 01067 Dresden
Galerie Alte Meister: Theaterplatz 1, 01067 Dresden
Donaischer Schlag/Bürgerwiese: Bürgerwiese, 01069 Dresden
Fjodor Dostojewski: *Die Dämonen / Böse Geister* (Neuübersetzung Swetlana Geier). Zürich 1998.

Die Legende von den Brandmeistern zu Siebenlehn

EFA-Regisseur Rainer Simon schrieb ein humorvolles Drehbuch und verpflichtete DDR-Schauspielprominenz wie Kurt Böwe, Rolf Ludwig, Winfried Glatzeder, Klaus Brasch und Renate Krößner. Simon erzählt in seiner Filmkomödie *Zünd an, es kommt die Feuerwehr* (1979) »eine Moritat aus der Zeit des Sächsischen Königreiches. Die Freiwillige Feuerwehr von Siebenthal hat nichts zu tun. Als sich ihr Stammlokal in einem arg baufälligen Zustand befindet, der Wirt aber kein Geld für die Renovierung hat, will die Feuerwehr etwas nachhelfen, indem sie selbst Feuer legt, was aber nicht so ganz gelingt. Man sucht sich zum Zündeln ein neues Objekt, das vermeintlich leerstehende Gefängnis. Doch es gibt einen einzigen Gefangenen, der von Hauptmann Kaden heldenhaft gerettet wird. Der Wirt des Stammlokals ist weiter in Nöten, und Hauptmann Kaden versucht, noch einmal ›zu helfen‹. Er wird dabei unter dem einstürzenden Haus begraben. Die Brandstiftung wird vertuscht und Kaden feierlich beerdigt (ohne Leiche). Denn Kaden ist in das darunter liegende alte Silberbergwerk gestürzt und verlässt mit seiner Geliebten unbemerkt die Stadt.« Eine schier unglaubliche Geschichte. Die sächsische Stadt Siebenlehn erkannte sich im benannten Siebenthal natürlich wieder und war wenig begeistert von dieser Verjuxung, denn sie war nun der Lächerlichkeit preisgegeben, und das Land lachte herzlich. Aber dass sich die Feuerwehr eigene Brände legte, hat sich im benannten Ort (fast genauso) zugetragen.

Die Existenz von Siebenlehn ist seit langem belegt: Sieben Lehen waren Namensgeber. Seit 1346 ist der Bergbau am Ort bekannt, und man schuf die Stadt am Rand des Erzgebirges bereits im 14. Jahrhundert nach gefasstem Plane. Schuhmacher siedelten. Als Nebenerwerb schlug man Wachs aus Waben. Ein Arbeitsschritt, der die Fremdkörper aus dem goldgelben Rohstoff trieb. Für die Verarbeitung erfanden die Siebenlehner gar einen Wachshammer. Auch war es vor Ort ums Jahre 1600 üblich, mit Bienenwachs zu bezahlen. Und Schuhmacher tränkten darin ihre Senkel statt in Pech und rieben das Wachs auf das Leder. Alsbald war die Stadt für den Wachshandel Zentrum. Auch sagenhaft: Die hiesigen Bäcker sind sicher, dass sie das Christbrot erfunden haben. Im Dreißigjährigen Krieg versorgten sie damit auch die belagerte Stadt Meißen. Auf diesem Wege gelangte das Siebenlehner Rezept in die kurfürstliche Residenz: Und die Dresdner machten daraus ihre Marke: den berühmten Dresdner Christstollen. Die Kleinstadt Siebenlehn kämpfte dagegen um Steuern und Namen und Reputation. Um 1900 sah die Stadt einfach nicht gut aus. Investoren suchten Baugelände, Alteingesessene wollten sich erweitern. Der Platz war begrenzt, staatliche Hilfen gering. So kamen die Honoratioren auf die Idee: Wenn Schandflecken und alte Eigenheime einfach verschwänden und die Besitzer noch Geld dafür bekämen, wäre man auf einfachem Wege saniert. Gewusst wie: Hieß es bislang »Heiliger Sankt Florian, verschon mein Haus, zünd andre an!«, hatte sich der Spruch in der Industriegesellschaft längst gewandelt:

Sankt Florian, du sakrischer Schwanz!
Wir brauchen dich nimmer, mir ham de Assekuranz.

Die Brandassekuranz ist die »Versicherung gegen Feuersgefahr und bezweckt gegen bare Gegenleistung (Prämie), den Schaden zu ersetzen, der an dem versicherten Gegenstand durch Feuersbrunst (Schadenfeuer), Blitzschlag, unter Umständen auch durch Explosionen unmittelbar oder mittelbar (Beschädigung beim Retten, zweckmäßig aufgewandte Rettungskosten, soweit sie dem Versicherten zur Last fallen, Diebstahl beim Brand etc.) ohne böswillige oder auch wohl fahrlässige Verschuldung des Besitzers entsteht. Man unterscheidet, je nachdem es sich um die Versicherung von beweglichen (Mobilien) oder von unbeweglichen Sachsen (Immobilien) handelt.«

Nun waren von Bürgermeister über Schuhmacher bis zu Kneiper, von Kolonialwarenhändler bis Bäcker Mitglieder der Freiwillen Feuerwehr, so dass es nahelag, sich zu versichern und dann die Objekte einfach selbst abzufackeln. Beteiligt auch städtische Beamte, die Gebäude räumen ließen, damit kein Mensch zu Schaden kam. Ein Unternehmer ließ gar zwei Häuser niederbrennen, die ihm die gute Aussicht versperrten. Bürgermeister Barthel fand, dass die Stadt am Marktplatze ein grässliches Bild bot, und machte dort sieben Häuser dem Erdboden gleich. Gar mancher von der Löschbrigade bediente sich noch am vorgefundenen Eigentum und nahm die Werte mit. Von 1896 bis 1906 loderten in Siebenlehn 43 Brände, denen 64 Häuser zum Opfer fielen. Die örtliche Polizei ermittelte vergebens, erst eine aus Dresden angereiste Kriminalkommission deckte die Verschwörung auf.

Wohltätig ist des Feuers Macht
Nur, wenn man es selbst hat angefacht,
Wohltät'ger, wenn solch Flammenmeer
Fachmännisch schuf die Feuerwehr,

Und am wohltätigsten, o wißt,
Wenn man recht hoch versichert ist.

Am 10. Juni 1907 saßen dreizehn Siebenlehner vor Gericht, doch konnte man nur zwei Fälle beweiskräftig verhandeln. Doch wird dieser Feuerzauber deutschlandweit und bissig kommentiert: »Der erste Eindruck ist der einer ungeheuren Burleske. Man denke: Ein wohlhabender Bürgermeister leitet eine förmliche Feuerpolitik, bestimmt nach einer wohlgeordneten Liste die niederzubrennenden Häuser, leitet persönlich das Zerstörungswerk, findet besondere Kniffe und Pfiffe, um das Brennen zu befördern, treibt die Frivolität so weit, daß er die Brandstifter mit Belohnungen bedenkt, die Seine Majestät Friedrich August für die Tätigkeit der Feuerwehr ausgesetzt hatte. Und die höhere Idee fehlt auch nicht: Der Ort war ihm zu armselig, die Häuser sollten gründlich erneuert werden. Der Bauplan für die Zukunft lag bereits fein säuberlich ausgearbeitet im Pult. Wozu sind Brandkassen da, so dachte offenbar dieser Wackere, wenn nicht zur Hergabe von Geld zum Zweck der Gemeindeverschönerung? Dem feuermehrenden statt feuerwehrenden Branddirektor steht ein würdiger Trabant zur Seite, der mit dem Feuerwehr-Ehrenabzeichen geschmückte Hauptunterbrandstifter, der bei den Bränden haust wie ein richtiger Räuberhauptmann. Diese rechte Hand des ehrenwerten Bürgermeister-Oberbrandstifters geht auch noch bei den Leuten herum und fragt mit der ganzen Seelenruhe eines grundehrlichen Gemüts: ›Vielleicht noch ein bißchen Abbrennen gefällig?‹« Die Strafen für die Missetäter fallen vergleichsweise niedrig aus. Der hauptverantwortliche Bürgermeister Barthel, dem außerdem noch Betrug, Urkundenfälschung und Bestechung vorgeworfen wurde, muss zwei Jahre, neun Monate ins Zuchthaus.

Alle Bürger sind saniert!
Alle Straßen reguliert!
Feuermelder, die mit Kraft,
ohne Gelder dies geschafft,
wer will euren Ruhm verkleenern?
Die Justiz, das ist gemein!
Dreimal Heil den Siebenlehnern
Vom › Verschönerungsverein‹!

ⓘ 09603 Siebenlehn

Zünd an, es kommt die Feuerwehr (1979). Regie: Rainer Simon. DVD: Berlin 2009.

Günter Spranger: *Der rote Sperling von Siebenlehn.* Rudolstadt 1985.

Das legendäre Gefängnis Bautzen I und das legendäre Gefängnis Bautzen II

Das königlich-sächsische Justizwesen bedurfte um 1900 dringend der Reformen und weiterer Haftplätze. Deshalb plante die Hochbaukommission des Innenministeriums den Neubau einer Landesstrafanstalt und entschied sich für die Stadt Bautzen. Auf 14 Hektar entstand dort an Flinz- und Gabelsbergerstraße ein Gefängnis, das »sich in den ersten Jahrzehnten an Plänen zur Einführung eines menschenwürdigen und nach liberalen Grundsätzen gestalteten Strafvollzugs« orientierte. Seine historisierende Gründerzeitarchitektur bot Zentralheizung wie Innen-WC und zwischen den Hafthäusern viel Grün: eine 1,3 Kilometer lange doppelreihige Allee, Park- und Hofanlagen, die mit Eichen-, Kastanien- und Lindenbäumen bepflanzt waren. Da für alle von außen sichtbaren Wände sowohl der Gebäude als auch der 1.140 Meter langen und 4 Meter hohen Umfassungsmauer der »Musterbaustoff für öffentliche Einrichtungen«, der gelbe Klinker aus Zwickau, verwendet wurde, sagte Volksmund und Ganovenszene zum Gefängnisbau alsbald: das Gelbe Elend. Fast drei Jahrzehnte besaß es einen reformerischen Ruf und erlangte ob diesem und aufgrund von Anstaltsgröße und architektonischer Gestaltung schnell Bekanntheit als »schönste Haftanstalt des Deutschen Reiches«. Insassen verschickten Postkarten mit der Ansicht ihrer Haftanstalt.

Zunächst trennte sich die Anstalt in zwei Bereiche: das

Männergefängnis mit je 400 Plätzen für Einzel- und Gemeinschaftshaft, zum anderen die Strafvollzugsanstalt für männliche Jugendliche mit 88 Plätzen für die Einzel- und 204 Plätze der Gemeinschaftshaft. Für Letztere standen 10 Säle zur Verfügung. Eine geschlossene Gruppe von 100 Mann nutzte zwei nebeneinander liegende 33 Meter lange, 12 Meter breite und 4 Meter hohe Räume. Im Tagessaal wurde gearbeitet, gegessen und die Freizeit verbracht. Im Schlafsaal waren 100 Betten von 1,15 Meter Breite und 1,90 Meter Länge in Doppelreihe aufgestellt und mit Netzen überspannt. Der gesamte sächsische Jugendstrafvollzug für Männer über einen Monat Strafhaft wurde in Bautzen vollzogen.

1904 begann man ebenfalls in Bautzen mit dem Bau eines neuen Amts- und Landgerichts, dem eine Haftanstalt mit 203 Plätzen in 157 Zellen angeschlossen war. Sie war Untersuchungshaftanstalt, aber auch zur Verbüßung kurzer Haftstrafen vorgesehen: Bautzen II. 1923 wurden beide zur »Vereinigten Gefangenenanstalt Bautzen« zusammengelegt, die deutschlandweit mit ihren Reformbemühungen Aufmerksamkeit erregte.

Mit der Machtübernahme Adolf Hitlers wandelte sich der gute Ruf in einen angsterfüllten. Vor allem in Bautzen I arbeitete die Gefängnisleitung eng mit der Geheimen Staatspolizei zusammen. Die ersten politischen Gefangenen der Bautzener Gefängnisse waren Mitglieder der verbotenen kommunistischen und sozialdemokratischen Partei. Ernst Thälmann (*1886, Hamburg; †1944, KZ Buchenwald) wurde am 3. März 1933 nach Bautzen I überstellt. Er schrieb als »Antwort auf Briefe eines Kerkergenossen«: »Mein Volk, dem ich angehöre und das ich liebe, ist das deutsche Volk; und meine Nation, die ich mit großem Stolz verehre, ist die deutsche Nation. Eine ritterliche, stolze und harte Nation. Ich bin Blut vom Blute und Fleisch vom Fleische der deutschen Arbeiter und bin deshalb als ihr revolutionäres Kind später ihr revolutionärer Führer geworden.« Auch Julius Fučik (*1903, Prag; †1943, Berlin-Plötzensee) verbüßte hier Monate seiner Haft. Neben den ideologisch Missliebigen saßen aber auch in den Gefängniszellen »Erzähler von politischen Witzen und sich offen äußernde Regimekritiker. Nachdem die Nationalsozialisten den Großteil ihrer politischen Gegner ausgeschaltet und ihre Macht gefestigt hatten, wurden Menschen verfolgt und eingesperrt, die nicht dem Ideal der nationalsozialistischen ›Volksgemeinschaft‹ entsprachen: Juden, Zeugen Jehovas, homosexuelle Männer, als ›asozial‹ oder als ›Gewohnheitsverbrecher‹ denunzierte Kriminelle. Während des Zweiten Weltkrieges waren in Bautzen ausländische Frauen und Männer inhaftiert, die Zwangsarbeit für die Kriegswirtschaft leisten mussten.«

Nach Deutschlands »bedingungsloser Kapitulation« übernahm die Sowjetische Militäradministration Bautzen I als ihr »Speziallager Nr. 4«. Zunächst wurden hier NS-Verbrecher inhaftiert, später auch die Kritiker des neuen Deutschlands und Stalin-Gegner. Rechtlos die Gefangenen, wobei von ihnen der »Karzer« besonders gefürchtet war: »Entkleidet bis auf die Unterhose wurde man in die gerade 4 Quadratmeter kleine Zelle geworfen. Die ersten drei Tage gab es nichts zu essen, keine Kleidung und auch keinen Strohsack oder eine Decke zum Schlafen. Dann kam ein ›guter‹ Tag, an dem man etwas bekam, danach wieder zwei schlechte ohne alles. Bei minus 15 Grad Celsius Außentemperatur hockte man halbnackt in der Zelle. Nach zehn Tagen und Nächten hatte ich nur noch den Wunsch, zu sterben.«

Auch Bautzen II nutzten die sowjetischen Besatzer. Als Untersuchungsgefängnis war es mit 400 Inhaftierten hoffnungslos überbelegt, die hygienischen Zustände katastrophal. In den »GPU-Kellern« erpresste der NKWD Geständnisse, die vorm Militärtribunal im benachbarten Gerichtsgebäude als Beweise dienten. Die Verurteilten überstellte man danach ins »Speziallager Bautzen I«, oft aber gleich nach Moskau, wo Todesurteil oder Gefängnis in Sibirien folgten.

1950 wurden beide Haftanstalten den zuständigen Ministerien der DDR übergeben. In Bautzen I saßen vor allem mehrfach Vorbestrafte und Häftlinge mit Langzeitstrafen ein. 1975 schuf das MfS dort die »Abteilung für besserungsunwillige Häftlinge«, die jedwede Arbeit in der DDR verweigerten und (meist) Ausreiseanträge gestellt hatten. »Bautzen, Bautzen, auf die Schnauze hauts'n!« Bautzen II – der Name war in sozialistischen Zeiten Synonym für die Haft von Systemkritikern und besaß unter der DDR-Bevölkerung angsteinflößenden Ruf: Das MfS hatte die Anstalt zum Hochsicherheitsgefängnis, zum »Haus des Schweigens«, ausgebaut. Es »diente der Verwahrung spezieller Häftlinge wie Staatsverbrechern, BRD-Bürgern, anderen Ausländern sowie ehemaligen Stasi-Mitarbeitern und straffällig gewordenen SED-Partei-Funktionären«: zum Beispiel Walter Janka (*1914, Chemnitz; †1994, Kleinmachnow), Erich Loest (*1926, Mittweida; †2013, Leipzig), Eduard »Ganoven-Ede« Zimmermann (*1929, München; †2009, München), Walter Kempowski (*1929, Rostock; †2007, Rotenburg/Wumme), Rudolf Bahro (*1935, Bad Flinsberg; †1997, Berlin). Immer wieder kam es zu Isolationshaft und Misshandlungen. Die Täter blieben in der DDR unbehelligt. Folgend der Auszug aus einem der Berichte: »Der gesamte Lebensraum beschränkte sich auf die Zelle, den Gang davor und ein allen gemeinsames Bad. Totale Isolation. Man kam nie in das Haus rein. Nach vier Jahren in Bautzen II habe ich das erste Mal den Fuß ins Treppenhaus setzen können, ansonsten war ich nur auf West-I. Da der Zutritt zur ›Verbotenen Zone‹ nur einer Hand voll Offiziere erlaubt war, habe ich während meiner mehr als neunjährigen Haftzeit nur insgesamt 17 verschiedene Gesichter gesehen. Die einzigen Kontakte zur Außenwelt waren die regelmäßigen Briefe meiner Eltern und von meinem Bruder, und die Besuche meiner Eltern aller acht Wochen eine Stunde. Doch weder bei den strengbewachten Besuchen noch in meinen Briefen durfte ich mich über meine wahren Gedanken und Empfindungen äußern. Kein Wort über meinen Fluchtversuch, meine Verhandlung, meine Haftbedingungen. Das war alles verboten. Da blieben eigentlich nur das Wetter und die Gesundheit.«

ⓘ Bautzen I (Gelbes Elend): Breitscheidstraße 4, 02625 Bautzen
Bautzen II: Weigangstraße 8A, 02625 Bautzen
Walter Kempowski: *Im Block.* München 2004.
Stiftung Sächsische Gedenkstätten: *Stasi-Gefängnis Bautzen II, 1956–1989.* Dresden 2007.

Die Legende von den schwedischen Reitersignalen

Es war ein Gemetzel. Es war eine entscheidende Schlacht. »Gustav Adolf, Christ und Held, rettete bei Breitenfeld Glaubensfreiheit für die Welt«, lässt der Gedenkstein lesen und kann das Grauen nicht vermitteln wie dieser schottische Soldat auf schwedischer Seite: »An diesem Donnerstag, dem 7. September 1631 zogen wir dann gegen 12 Uhr trotz des wütenden Feuers der feindlichen Artillerie und des Geländevorteils, den der Feind hatte, unsere Geschütze vor, bis sie vor dem Feind standen. Dann brüllten unsere Kanonen los, große und kleine, und zahlten dem Feind mit gleicher Münze zurück. Dieses Artilleriefeuer dauerte dann auf beiden Seiten etwa zweieinhalb Stunden. Während dieser Zeit standen unsere Schlachtreihen der Infanterie und der Kavallerie fest wie eine Mauer, obwohl die Kanonenkugeln ab und zu große Lücken in die Formationen unserer Leute rissen. Aber durch die Wachsamkeit der Offiziere und dadurch, daß alle Hände mit anpackten, wurden die Lücken sofort wieder geschlossen, und die Verwundeten wurden auf die Seite zu den Feldschern gebracht. So standen die Offiziere fest, überblickten ihren Kommandobereich, und einer trat für den ein, wenn sich eine Gelegenheit dazu ergab. Als um halb drei Uhr unsere Artillerie das Feuer für kurze Zeit einstellte, griffen die Kavallerieabteilungen auf beiden Flügeln einander wütend an, wobei unsere Reiter große Entschlossenheit zeigten. Sie feuerten ihre Pistolen erst ab, wenn der angreifende Feind seine zuvor abgefeuert hatte. Dann begrüßten unsere Musketierpelotons die feindliche Reiterei auf eine kürzere Distanz mit einer Salve. Unsere Reiter schossen nun ihre Pistolen ab und griffen den Feind mit ihren Säbeln an. Als sie zurückkamen, waren unsere Musketiere schon wieder fertig, eine zweite Musketensalve auf die feindliche Reiterei abzugeben. Auf diese Weise leisteten unsere Reiter dem Feind tapfer Widerstand, der dazu vom Feuer der Musketierpelotons hart mitgenommen wurde.« Doch endete mit dieser Schlacht das Schlachten nicht. Dörfer wurden von den Truppen niedergewalzt und leergefressen. Städte verbarrikadierten sich. Der Schrecken saß tief, auch die Angst. Der Dreißigjährige Krieg dauerte dreißig Jahre.

Von Stralsund her kamen Anfang November 1632 schwedische Soldaten ins Kriegsgebiet Sachsen und nahmen nach ihrem langen beschwerlichen Marsch in den Mauern von Delitzsch Quartier. Als sie da waren: ein Offizier, fünf Kavalleristen, ein Trompeter, drei Reiter. Nach der Rast wollten sie weiter nach Bayern, wo König Gustav Adolf im Feld stand. Die Soldaten hatten schlachtentscheidende Meldungen der Einsatzleitung zu überbringen. Und noch als die zehn Schweden in der Stadt weilten, zog vor die Tore eine Einheit der Gegner: Kaiserliche Infanterie mit starken Geschützen. Ein Parlamentär forderte die Bürger auf, Delitzsch kampflos der Truppe zu übergeben. Man beratschlagte und war schon dabei, die Stadt der kaiserlichen Schar preiszugeben, da griff der schwedische Offizier zu einer Kriegslist und wurde zum Retter von Delitzsch. Er befahl: »Musikant! Steig auf den Stadtturm und schmettere, so laut du nur kannst, unsere Mobilmachungsbefehle!« So stieg der Trompeter hinan und blies mit voller Lunge die schwedischen Reitersignale über die Stadt und das Land. Die Kaiserlichen kannten wohl die Melodie, die ihnen bei

Breitenfeld die Niederlage gebracht hatte. Nun mussten sie glauben, eine Heerschar von Schweden sei in der Stadt. Bei der vermuteten Übermacht, verzichteten die Eroberer auf alle Kampfhandlungen und zogen mit Geschütz und Gepäck hin zur großen Schlacht, die dann bei Lützen stattfinden sollte und wo sie durch Missverständnisse am 16. November selbigen Jahres ihren König Gustav II. Adolf verloren. Bis heute werden die schwedischen Reitersignale vom Breiten Turm von Trompetern geblasen und erinnern an diese Rettung. Dass diese schon lange Zeit so geschieht, belegen Aussagen von Zeugen: »Die preisische Offisiers machte die schwedische Musike auff den breitte Thurm vill Pläsir.«

Aber die Geschichte wird auch anders erzählt: Der Delitzscher Türmer, der sein Amt zuverlässig und mit klarem Auge versah, besaß eine Tochter. Als sie heranwuchs, ward ihr im Turmstübchen einsam, und sie bedauerte, keine Gefährten gleichen Alters zu haben. Aber die vielen Stufen zu ihrem Zimmer waren beschwerlich, das Zimmer klein und der Erziehungsberechtigte allgegenwärtig. So bat's Töchterchen den Vater, ihr doch das Trompete-Blasen zu lehren, damit sie ein wenig Abwechslung in der Höhe hier habe. Der Vater tat's, und das Töchterchen war so gelehrig, dass sie bald ebenso gut Signal geben konnte wie ihr Lehrer. Die Melodien waren ihr selbst Spaß und große Freude. So überließ der Türmer wohl auch seiner Tochter manche Stunde die Wacht und konnte sich in der Zeit anderen Dingen zuwenden. Man schrieb das Jahr 1637, und die Türmerstochter stand spähend am Ausguck, ob eine Gefahr auf die Stadt zukäme. Und wahrlich: Eine Staubwolke wälzte sich näher und näher. Bald erkannte die Wachhabende deren Ursache: schwedische Reiter. Töchterchen gab schleunigst das Warnsignal durch die städtischen Häuser und Gassen. Die Bürger bewaffneten sich und waren bereit, Delitzsch bis aufs Blut zu verteidigen. Als die herankommenden Schweden die Stadt zum Kampfe bereit sahen, ließen sie von Plünderung und Verheerung ab und verschwanden. So rettete ein einzeln Mädchen Leben und Werte und die Ehre der Stadt. Anerkennung ward dieser Heldin des Alltags bezeugt als Fortsetzungsgeschichte auf sechs Notgeldscheinen, »gültig bis zum 20. August 1921«.

Bekannt ist auch noch eine weitere Variante des Delitzscher Turmblasens: Einst liebte der Delitzscher Türmerssohn die liebreizende Tochter des hiesigen Bürgermeisters. Doch machte der Standesunterschied die Verbindung unmöglich. Der unglückliche Bursche geht und dient als Soldat bei den Schweden, wird Trompeter in einem Reiterregiment. Als nun sein Vater verstorben, tritt er in seiner Heimatstadt die Stelle als Türmer an. Nun nähert sich Delitzsch eine Horde kroatischen Militärs. Der Türmer bläst das Signal so, dass die Hab- und Mordgierigen von einem Überfall absehen. Durch diese Heldentat wird es den Liebenden möglich, in den Bund der Ehe zu treten.

An eines Städtchens Spitze,
da standen ihrer zwei;
der eine auf dem Sitze
der Bürgermeisterei.
Der sah nach allen Rechten
und Ordnung war sein Spruch;
zu wehren allem Schlechten,
hat er zu tun genug.
Der andre wohnt hoch oben,
nahm auch die Stadt in acht
bei Sturm und Wettertoben,
bei Tage und bei Nacht.

Und zu den heil'gen Stunden
bläst er mit kluger Wahl
von seiner Höh' nach unten
erbaulichen Choral.
Und jedem von den beiden
schenkt Gott der Kinder eins.
Beliebt bei allen Leuten
dem Bürgermeister seins.
Das war ein holdes Wesen,
ein feines Töchterlein,
und wer es auch gewesen,
nennt es ein Andrer sein.
Des Türmers blonder Knabe
dacht höher als er's war,
doch manche gute Gabe
nahm man an ihm sonst war.
Den Vater zu vertreten,
war ihm ein Leichtes nur.
Er konnte auch trompeten
und schlagen nach der Uhr.
Wohlan! So sei beschlossen
von mir und von dem Rat,
von allen Stadtgenossen,
den Bürgern dieser Stadt:
Verdienst klebt nicht am Stande,
steh' einer, wo er steh',
du wehrtest einst dem Brande
von deines Turmes Höh'.
Du warst der Lebensretter
für mich, mein Weib und Kind;
durch deines Tons Geschmetter
wir alle Schuldner sind.
Ich an der Bürger Spitze,

ich opf're alles Dir,
was ich allhier besitze,
denn so geziemt es mir.
Steig nieder von der Höhe,
geknüpfet sei das Band,
wohn' unten und bestehe
Stadtmusikus genannt.
Was bringen auch die Jahre;
Ihr Bürger dieser Stadt,
vergeßt nicht die Fanfare,
Die sie gerettet hat.

ⓘ Breiter Turm: Breite Straße/Mauergasse, 04509 Delitzsch
August Reulecke: *Die schwedischen Reitersignale.* Delitzsch 1922.
Gustav-Adolf-Denkmal Breitenfeld: 04158 Leipzig

Die Krabat-Legende

ie wird nicht nur bei den Sorben der Lausitz wieder und wieder erzählt, sie ist in verschiedenen Varianten aufgezeichnet, gezeichnet und verfilmt worden und fasziniert jedes Mal: Die Lebensgeschichte des Krabat. Dieser Sagenhafte hat ein lebend Vorbild gehabt: Johann Schadowitz (*1624, Žumberak; †1704, Särchen). Schadowitz ward in Kroatien als Janko Šajatović geboren und stand als Obrist in sächsischen Diensten. Als Leibgardist schätzte ihn Kurfürst wie König. Sein Herkunftsland und seine Taten ließen ihn zur Sagengestalt Krabat werden.

Ein Waisenjunge, Krabat genannt, lebte bei einem sehr, sehr armen Viehhirt in Eutrich bei Königswartha, musste Gänse hüten und bettelnd über das Land ziehen. Eines Tages kam er auch bei einem Müller im Dorfe Schwarzcollm vorbei, dass dieser ein Hexer, konnte der Knabe nicht ahnen. So begab sich Krabat in dessen Dienst. Eine Lehrstelle war just vakant, stets nämlich waren beim Müller ein Dutzend Jungen in Ausbildung, denen er die Schwarze Kunst beibrachte. Von wegen Magie: Unbedingt zwölf mussten es sein. Wenn das Lehr- und Prüfungsjahr endete, ging jedes Mal einer der Schüler verloren. Ein großes Glücksrad zeigte auf den Unglücklichen, der nun dem Verderben geweiht. Einer war gerade gegangen, so also blieb Krabat wegen guter Kost und Logis, auch war er begierig, zu lernen.

Krabat war schnell von Begriff, eignete sich alles Wissen seines Meisters an und erkannte, der Müller stand beim Satan unter Vertrag. Doch der Macht seines Lehrherrn zu entkommen, gelang nur mit List. Bald drehte der Meister wieder am Glücksrad, Krabat wollte nicht sterben und erbat sich drei Tage Urlaub daheim. Das wurde gestattet. Die

Mutter weinte, als sie vom bitteren Schicksal des Sohnes erfuhr. Krabat aber sagte: »Mutter, nur Ihr könnt mich retten! Kommt nach Schwarzcollm und verlangt vom Müller, dass er mich freigibt. Er wird dies nur tun, wenn Ihr mich unter meinen elf Gefährten herausfindet. Ich sage Euch, woran Ihr mich erkennt. Wir werden alle vom Müller in schwarze Raben verwandelt, sitzen auf Stangen und scharren uns mit den Schnäbeln. All meine Kameraden werden das Köpfchen nach der linken Seite gewendet haben, nur ich werde mich unterm rechten Flügel zupfen. Es ist das einzig mögliche Zeichen, das ich Euch zu geben vermag. Habt Ihr mich entdeckt, Mutter, dann sagt ganz fest zu dem Müller: ›Der ist mein Sohn!‹, so muss er mich Euch überlassen, denn einer Mutter vermag in solchem Falle kein Zauberer widerstehen.« Genauso geschah es. Frei ging Krabat mit Muttern hinaus in die Welt, jedoch nicht, ohne das große Zauberbuch des Meisters noch mitzunehmen. Der Müller hasste fortan seinen gelehrigen Schüler, vor allem das Buch wollte er wiedererlangen, und verfolgte Krabat in tödlicher Feindschaft.

Angekommen zu Hause, herrschte noch immer der Mangel. »So kann es nicht fortgehen«, sagte Krabat zum Vater, »nächstens ist Viehmarkt in Wittichenau. Ich werde mich in einen fetten Ochsen verwandeln. Führt mich dann dorthin und verkauft mich! Jedoch an keinen ehrlichen Biedermann, sondern an die geriebenen Kamenzer Viehhändler! Verlangt einen recht hohen Preis. Ihr werdet ihn erhalten. Überlasst aber, was man Euch auch bieten möge, auf keinen Fall dem Käufer den Kopfstrick! Ich würde sonst die menschliche Gestalt niemals mehr wieder erhalten und würde geschlachtet. Nach dem Verkauf, macht Euch mit dem Gelde von hinnen. Ich folge. Danach, lieber Vater, wird bei uns nicht mehr solche Dürftigkeit herrschen.« Genauso geschah es. Als der Kamenzer Großbauer nun seinen Ochsen nach Haus trieb und zur Stärkung einkehrte, schwirrte Krabat in eine Schwalbe verwandelt auf und davon. Der junge Hexenmeister kam noch früher als sein Vater im elterlichen Heim an.

Alsbald aber ging das erlöste Geld wieder zur Neige. Krabat sagte zum Vater: »Diesmal mögt Ihr mich als stolzes Pferd zum Markte führen. Verkauft aber nimmer die Halfter und den Zaum. Beides nehmt wieder mit, sonst bin ich verloren.« Flugs verwandelte sich der Bursche in einen kräftigen jungen Hengst. Der Vater setzte sich drauf und ritt nach Wittichenau. Das schöne Pferd zog sofort die Aufmerksamkeit aller Kenner auf sich. Ein ältlicher Mann stellte das höchste Gebot. Nachdem er gezahlt, weigerte er sich, Halfter und Zaumzeug zurückzugeben. Alle Bitten des Vaters darum waren umsonst. Der Käufer schwang sich aufs Ross und sprengte von dannen: Es war der Müller von Schwarzcollm. Er hatte die Zaubertaten seines Schülers voll Ingrimm vernommen und war gekommen, sich sein Zauberbuch wiederzuholen. Den jungen Hengst züchtigte er kräftig mit Sporen und Gerte, hetzte ihn durch Wald und Feld, über Hecke und Dorn. Dann musste er das Pferd neu beschlagen. Während er nun noch mit dem Schmiede verhandelt, lispelt das Pferd zu dessen Sohn: »Oh bitte, ziehe mir schnell den Zaum übers linke Ohr!« Der Junge tat's, und Krabat erhob sich als Lerche laut singend in den Himmel über Wittichenau.

Doch kommt der alte Zauberer ihm als Sperber schnell hinterdrein. So stürzt sich Krabat in einen offenen Brunnen und wird zum Fisch. Eine züchtige Jungfrau naht sich der Quelle, um Wasser zu schöpfen, und, o Wunder, der Fisch wird zum goldenen Fingerreif an ihrer Hand. Aber da steht auch schon der Schwarzmüller vor ihr und bittet, ihm den Ring zu überlassen. Sie aber gibt ihn nicht her. Der Alte tobt, denn über die Unschuld hat er keine Macht, doch bleibt er in ihrer Nähe. Tatsächlich: Beim Futterstreuen fällt der Maid der goldene Ring, ach, vom Finger und verwandelt sich sofort in ein Korn wohl von Gerste. Während die Hühner Futter picken, stolziert ein fremder Hahn herbei. Im Nu verwandelt sich Krabat in einen Fuchs, der den Hahn flugs erfasst und zerreißt und auffrisst. Das war das Ende des Müllers zu Schwarzcollm. Seine Mühle steht noch am Ort und ist heute Attraktion für Touristen.

Doch die Geschichte von Krabat geht weiter: Wieder im täglichen Arbeitsablauf, hütete Krabat grad eine Herde Borstenvieh, als der Landesherr im Wagen vorbeifuhr. Wie auf Kommando erhoben sich alle Schweine und paradierten. August der Starke wurde aufmerksam auf den Schweinedompteur, nahm ihn mit sich und steckte ihn in die Hofküche seines Schlosses zu Dresden. Der Chefkoch war dem neugierigen Knaben nicht sonderlich gewogen, und bei jedem Vergehen hagelte es Ohrfeigen für ihn. Das ließ sich Krabat nicht gefallen: Nachdem die Festspeisen aufgetischt waren, bemerkte die feine Gesellschaft, dass anstatt Nudeln lebende Regenwürmer sich in der Terrine tummelten, dass statt der Broiler muntere Frösche aus den Schüsseln heraushüpften. Der Koch war geliefert und schwor bei allen Heiligen seine Unschuld. Da schwante dem König, wer für den Schabernack verantwortlich war. Krabat musste gehen und ging nach Hause.

In Eutrich aber erschienen die Werber, die den zum Manne gereiften Jungen in die Armee pressten. Bald war Krabat ein Musketier im Feldzug gegen die Türken. Da geschah es, dass der erlauchte König in Gefangenschaft geriet. Sein Gefängniszelt wurde überaus scharf bewacht: Keine Chance einer Befreiung. Krabat aber sagte zu den Offizieren: »Gebt mir ein gesatteltes Pferd, aber schnell, denn ich habe nur noch eine Stunde!« Der Gaul ward gebracht. Krabat ritt erst geradeaus, dann schwang er sich hinauf in die Lüfte. Angelangt im Lager der Türken, blieb er allen, außer seinem Könige, unsichtbar. August der Starke erkannte in dem Infanteristen jedoch sofort seinen früheren Schützling.

»Wo kommst du her und weshalb bist du hier?«, fragte er.

»Euch zu retten, Majestät. Schnell, haltet Euch an meinen Frackschößen fest und seid unbesorgt, was auch geschieht!« Der König folgte, und fort ging's durch die Lüfte. Als die Türken das plötzliche Verschwinden ihres Gefangenen bemerkten, erinnerten sie sich, dass auch in ihrer Armee so ein Schwarzkünstler diente. Dieser nun folgte den Flüchtigen. Nach einer Weile fragte Krabat den König, ob ihnen jemand im Himmel folgte.

»Ja«, sagte der König, »ein großer schwarzer Vogel fliegt näher und näher.«

Da zauberte Krabat finsteren Nebel und fragte darauf noch einmal nach dem Verfolger.

»Er kommt uns immer noch hinterdrein«, lautete die Antwort.

Jetzt ließ Krabat eine unbeschreiblich hohe Mauer auftürmen. Aber auch diese war dem Verfolger kein Hindernis, vielmehr schwang sich der Vogel mit Leichtigkeit darüber hinweg.

»Ist er immer noch da?«, fragte Krabat.

»Ja«, sprach der König.

»Reißt den goldenen Knopf an Eurem Waffenrock los und gebt ihn mir!«, rief da Krabat und steckte diesen in den Gewehrlauf. Dann schoss er wohl rückwärts mit über die Schulter gelegtem Rohre, ohne zu zielen oder sich umzublicken. Der Vogel war nimmer mehr sichtbar.

Glücklich zu seinem Heere zurückgekehrt, verhieß August

der Starke seinem Retter fürstliche Belohnung. Zunächst aber machte er noch einmal Gebrauch von den Krabats Schwarzen Künsten. Der König wünschte im Interesse eines glücklichen Kriegsausgangs, die geheimen Pläne der türkischen Heeresleitung zu wissen. Dazu sollte ihm sein junger Hexenmeister verhelfen.

In zwei Fliegen verwandelt, behorchten Krabat wie König beide die Gespräche des Sultans in dessen Hauptquartier. Krabat hatte den König warnend gebeten, sich auf keinen Fall auf die silbernen Esslöffel zu setzen. Während nun der junge Zauberer in Insektengestalt beständig am Rande der Schüssel des Sultans herumlief, versah sich die königliche Fliege und berührte umherschwirrend einen der Löffel. Sofort fing ein unter dem Tisch liegender großer Hund an, zu bellen. Und sofort wurden Krabat und König vor dem Sultan zu spionierenden Menschen. Da mussten sie eiligst fliehen. Einem Soldaten warf Krabat einen Radreifen über, der sich zu einer unlösbaren Halskrawatte zusammenzog und zum Hindernis wurde. Krabat und König hetzten durch Zimmer und Gänge hinaus aus dem Palast und entkamen. Der Krieg war zu Ende. Heimgekehrt nach Dresden, bot der sächsische König seinem Lebensretter als Dank große Summen. Krabat aber schlug alles aus, was ihm geboten wurde. Erst als der Landesfürst vehement in ihn drang und meinte, dass so seine Gunst Krabat verlustig gehen würde, äußerte der den Wunsch nach dem Gute Groß Särchen bei Hoyerswerda. »Wenn du weiter nichts als die Entenpfütze begehrst«, lachte der König, »soll sie dein sein!«

Fortan herrschte zwischen Krabat und dem König ein gar freundschaftliches und enges Verhältnis. Hochdotierte Stellungen im Staatsdienste lehnte Krabat ab, doch blieb er lebenslang Ratgeber und Beistand des Landesherrn. Als solcher besaß er sogar die Erlaubnis, jederzeit, auch unangemeldet, an der königlichen Tafel erscheinen zu dürfen. Davon machte Krabat auch oft Gebrauch. Dann fuhr er elf Uhr vormittags mit seinem Geschirr in Groß Särchen ab, und Punkt zwölf Uhr war er im königlichen Schlosse zu Dresden. Im Laufe der Zeit fand der Günstling, welcher für einflussreicher als alle Minister galt, auch Neider unter des Königs Getreuen. Der Zorn von zwölf unter ihnen galt weniger Krabat als dem König höchstselbst. Sie verschworen sich und wollten August den Starken mittels einer vergifteten Tasse Tee töten. Als Erklärung sollte herhalten, der König sei einem Schlagflusse plötzlich erlegen. Krabat spürte daheim in Groß Särchen den geplanten Königsmord, erkannte alle Personen, Zeit, gar die Methode. Sein Zauberspiegel aus Erz hatte es ihm verraten. Höchste Eile tat Not! Krabat ließ anspannen.

»Diesmal werde ich selber fahren«, bedeutete er seinem Kutscher, »setze dich nur hinein in den Wagen! In einer halben Stunde muss ich im Schloss beim Könige sein.«

Nun ging es pfeilgeschwind hinaus in die dunkle Herbstnacht. Vor dem Dorfe verstummte plötzlich das Rasseln der Räder. Rosse und Wagen erhoben sich und glitten lautlos durch die Lüfte. Untätig auf den weichen Polstern sitzend, schlief der Kutscher bald ein und erwachte erst, als die Fahrt durch einen gewaltigen Anstoß zum Stillstand kam. Er rief besorgt: »Wir sind gewiss auf einen Rainstein aufgefahren!«, und wollte aussteigen, um das Geschirr wieder flott zu machen. Krabat aber gebot seinem Bediensteten, sitzen zu bleiben, und machte den Wagen, welcher an der Kamenzer Kirchturmspitze hängen geblieben war, allein wieder flott. (Die eiserne Wetterfahnenstange der Kirche zu Kamenz soll seit jenem Vorfalle bis auf den heutigen Tag verbogen sein!) Noch vor der Mordtat traf Krabat am Hof ein. Das Souper hatte bereits begonnen. Schon hielt der König die Tasse mit dem Gifttrank in seiner Hand. Da stürzte Krabat herein und befahl: »Majestät, nicht trinken! Lasst Euren Mundschenk zuvor von dem Tee kosten!« Und so geschah es. Dem königlichen Befehl musste ein Mundschenk gehorchen. Dieser stürzte drauf entseelt zu Boden. Die Verschwörer wurden entlarvt und zum Tode verurteilt.

Noch viele wundersame Geschichten erzählt man sich in der Lausitz vom Wendensohn Krabat. Er wurde ein Freund und Wohltäter seines Ortes, besserte den ertragsarmen Ackerboden, beseitigte fiebererzeugende Sümpfe und bewässerte verdorrende Saaten. Rastlos wirkte er so für seine Schutzbefohlenen, denen er schließlich, weil er ohne Nachkommen blieb, sein ganzes erbliches Besitztum, in vierzig Parzellen zerteilt, testamentarisch überwies. Nur die begüterten Bauern gingen leer aus.

Kurz vor seinem Tode ließ Krabat sein Zauberbuch in den großen Teich werfen. Der Diener führte den Auftrag zunächst gar nicht aus. Er wollte die geheimnisvolle Schrift für sich behalten. Bei seiner Rückkehr fragte ihn Krabat: »Hast du das Buch ins Wasser geworfen?«

»Ja«, sagte der Knecht.

Krabat blickte ihn scharf an und sprach: »Was hat das Wasser gesagt?«

Darauf wusste der Knecht keine Antwort. So musste er nochmals hingehen und versenkte das Buch wirklich beim Wehr in die dunkle Flut. Die zischte und brodelte und stieg unter Donnergetöse mannshoch empor. Später ist an jener Stelle im Großen Teich ein Ungetüm aufgetaucht mit solcher Kraft, dass sich selbst im Winter die Eisdecke hob. Ab und zu erscheint es auch heute.

Krabats letztes Lager wurde in dem Gasthof von Groß Särchen aufgeschlagen. Die freundlichen Wirtsleute waren auf das Sorgsamste um seine Pflege bemüht. Krabat sagte zu seinen Getreuen, sie sollten wohl achtgeben auf sein jenseitiges Schicksal. Wenn sich sein Geist von der irdischen Hülle des Körpers löse, und es würde dann ein schwarzer Rabe auf dem Schornsteine sitzen, so sei er ewig verloren. Ließe sich dort aber ein weißer Schwan sehen, so habe er ein seliges Ende gefunden. Alle Gutsuntertanen waren in der Sterbestunde des geliebten Herrn vor dem Hause versammelt. Dann hatte der Hexenmeister ausgelitten. Eben stimmten die im Sterbezimmer Weilenden die sorbische Trauerklage an. Da richtete sich der Blick aller nach oben. Und auf dem Dachfirste glänzte – das weiße Gefieder eines herrlichen Schwanes.

ⓘ Krabatmühle: 02977 Schwarzkollm
Krabat-Dorf Särchen: 02999 Lohsa
Otfried Preußler: *Krabat.* Würzburg 1971.
Jurij Brězan: *Krabat oder die Verwandlung der Welt.* Berlin 1976.
Die schwarze Mühle (1975): Regie: Celino Bleiweiß. DVD: Hamburg 2010.
Krabat (ČSSR, 1976). Regie: Karel Zeman.
Krabat (2008). Regie: Marco Kreuzpaintner. DVD: München 2009.

Die legendär vergebliche Suche nach einer Sachsenhymne

Von Regierungsseite offiziell: »Die Bezeichnung Freistaat verweist auf die demokratische Tradition Sachsens. Über einhundert Jahre war Sachsen Königreich. Davor war es Kurfürstentum, Herzogtum und Markgrafschaft. Als nach Ende des Ersten Weltkriegs in Deutschland die Monarchie abgeschafft wurde, rief ein Arbeiter- und Soldatenrat die Republik Sachsen aus«, der deutsche Begriff »Freistaat« war bald erfolgreicher, was das Grundgesetz und die Verfassung Sachsens bestätigten, somit wurde die Bezeichnung amtlich. Nach der Friedlichen Revolution 1989 »knüpfte man bei der Wiedereinführung der Länderstruktur erneut an die demokratische Tradition des Freistaates an«. Stolz aufs Land, war vielen klar: Sachsen braucht für Identitätsgefühl und Repräsentation auch eine Hymne. Bundesländer wie Bayern, Hessen und das Saarland besitzen eine solche, andere haben zumindest Volkslieder mit einem solchen Stellenwert und einen Feiertag fürs eigene Land. Ausgerechnet das Land der Preußen schmetterte sein Brandenburglied – »Märkische Heide«:

Steige hoch, du roter Adler,
hoch über Sumpf und Sand,
hoch über dunkle Kiefernwälder,
mein schönes Brandenburger Land.

Sachsen bedauerte und fände es schön, wenn sein Freistaat auch solch identifizierendes Liedgut hätte. Sachsen besaß nur eine Reihe Soldatenlieder, die hiesiges Nationalgefühl besangen, zum Beispiel dichtete nach britischem Original *God save the Quee*n Siegfried August Mahlmann (*1771, Leipzig; †1826, ebenda) anlässlich des 50. Thronjubiläums Friedrich August I.:

> *Gott segne Sachsenland*
> *Wo fest die Treue stand*
> *In Sturm und Nacht!*
> *Ew'ge Gerechtigkeit*
> *Hoch übern Meer der Zeit*
> *Die jedem Sturm gebeut*
> *Schütz' uns mit Macht!*

Ernst Julius Otto (*1804, Königstein; †1877, Dresden) komponierte 1841 eine Kantate, der ein Text des Dresdner Pfarrers Maximilian Hallbauer (*1810, Dresden; †1877, Rochlitz) zugestellt wurde. Es machte Furore als Sachsenlied und wurde alsbald von andern Gauen und Gegenden umgewidmet.

> *Gott sei mit dir mein Sachsenland,*
> *blüh' frei und fröhlich fort!*
> *»Ein frommes Herz und fleiß'ge Hand!«*
> *das sei mein Losungswort!*
> *Hell leuchte deiner Tugend Glanz,*
> *du edle Perl' im deutschen Kranz.*
> *Glück auf, Glück auf,*
> *Glück auf, Glück auf,*
> *Glück auf, Glück auf, mein Sachsenland!*

Eine weitere Sachsenlied-Variante ist (ohne Nennung eines Verfassernamens) in einem Liederbuch von 1857 zu finden.

Das schönste Land in Deutschlands Gauen
bist Du, mein Sachsenland,
gesegnet, herrlich anzuschauen,
beschützt von Gottes Hand.
Wie leuchtet Deiner Krone Glanz,
Du edle Perl' im deutschen Kranz,
Glück auf! mein Sachsenland.

Ernst von Wolzogen (*1855, Breslau; †1934, Wolfratshausen) hatte in Leipzig Philosophie studiert und war nachfolgend einer der Ersten, die Kabarett zur Bühnenkunst erhoben. Er machte sich deutschlandweite Gedanken und kam dabei um »Unsere lieben Sachsen« nicht herum:

De mehrschten Deitschen sin aus Sachsen,
das merkt der Mensch auf Reisen schnell.
Aus Chemnitz, wo de Schtrimpe wachsen,
aus Dresden, wo se hellisch hell,
aus Leipzig, wo se egal drucken –
der Sachse kriegt den Kram nich satt –
un alles muss er sich begucken,
was uf der Welt zwee Sternchen hat.

Doch ist solch eine Draufsicht aufs Sachsenvolk diesem unangenehm: ein Fremdtext. Da wäre man bereit, eher die Worte eines hier Gebürtigen in die Hymnen-Diskussion zu stellen. Hans Reimann (*1889, Leipzig; †1969, Großhansdorf) hatte mit seinen *Anekdoten vom Genij* und *Sächsischen Miniaturen* (1921/23) Volkshumor und Mentalität der

Sachsen verständnisinnig portraitiert, wie auch die Filme *So ein Flegel* (1933) und *Kleiner Mann – ganz groß* (1938) vermochten, Gefühlslagen zu zeigen, ohne lächerlich oder gar beleidigend zu wirken. Aus Reimanns Feder stammte 1923 auch der Versuch einer Sächsischen Nationalhymne:

> *O Sachsenland, du Lehmanns-Quatsch mit Soße!*
> *Die Träne quillt, und das Gemiet wird warm.*
> *Ich bin ä Sachse. Kennt ihr meine Farm?*
> *Nicht grien und weiß – nee: gelb wie Märzengose …*
> *O Heimatland, du kuriose Soße!*

1990 schien diese Selbstironie freistaatstragenden Anlässen unangemessen, außerdem musste das Lied in sächsischer Lautung vorgetragen werden.

Somit trafen all die vorgefundenen Reime und Melodien nicht wirklich den Nerv des Sachsenlands, oder sie schienen den Verantwortlichen zu antiquiert im neuen Deutschland. Deshalb lobte die Staatskanzlei 1993 einen Wettbewerb zur Kreation einer angemessenen Sachsenhymne aus. Die Resonanz war überwältigend, körbeweise erhielt man Vorschläge, Verbesserungsvorschläge und Absagen.

Maßgabe: »politisch neutral, wertungsfrei und, ohne Götterbeschwörung, festlich«. Wort-Ingredienzien einer Hymne schienen Autoren und Hymnenverwendern klar: Sachsen als Landesname in Wiederholung, weiß-grün wie die Sachsenfahne, Heimat- in Zusammensetzung mit -liebe, -herz, und -treu. Eventuell geografische und regionale Besonderheiten wie Lausitz, Erzgebirge, Elbefluss. Natur: Eichen, Bergeshöhn und braune Kohle. Traditionelle Berufe: Bergmann, Bauer, Kosmonaut. Und natürlich musste solch Lied am Ende Rückhalt in der sächsischen Bevölkerung genießen. Alles in Zusammenhang gebracht, dürfte dies letztlich eine gute Sachsenhymne ergeben. Und die Sachsen schrieben, und die Sachsen dichteten, und die Sachsen reimten.

Frieden dir, mein Land der Sachsen,
du, mein Heimatland.
Wiege großer Wegbereiter, keiner Herren Pfand.
Weiß und grün sind deine Farben, wie der Tau im Tal.
Reichst der Welt die off'nen Arme, hier und überall,
hier und überall.

Auch Autoren, die die Sachsen verstehen, schöpften Lieder. Rainald Grebe (*1971, Köln) hat sein »Sachsenlied« leider nicht dem Wettbewerbe dargeboten:

Folge dem Ruf der Zikade nach Sachsen
Ins Land der Orangenmarmelade, das ist Sachsen
Eine Finca in Grimma mit Olivenhain
So schön kann das Leben in Sachsen sein
In Sachsen, das ist Sachsen
Sonniges, sonniges Sachsen.

Letztlich fand sich auch keine Jury, die die ausgeschriebene Hymnenwahl entschied. Doch wurde landauf, landab heiß diskutiert und in Rundfunk und Fernsehen laut vorgesungen. Aber Sachsen hat bis heute keine sächsische Hymne. Dabei führte bereits 1979 ein Sachsenlied die ostdeutschen Hitparaden an, und so favorisieren Alteingesessene noch immer Jürgen Harts (*1942, Treuen; †2002, Leipzig) Text »Sing, mei Sachse, sing!« als das Lied aller Sachsen, zu dem Arndt Bause (*1936, Leipzig; †2003, Berlin) eingängige Musik komponierte:

Sing, mei Sachse, sing! Es is' e eichen Ding
und ooch e dichtches Glick um d'n Zauber der Musik:
Schon es kleenste Lied, das legt sich offs Gemied
und macht dich oochenblicklich,
zefrieden, ruhig und glicklich!

Dieser Song traf nicht nur bei den damaligen Sachsen den Nerv. Der Publikumszuspruch war ostdeutschlandweit und blieb nicht allein aufs Sachsenlande beschränkt. »Wir wurden von dem Erfolg regelrecht überrollt«, erinnert sich Gattin Katrin Hart. »Überall, wo wir hingingen, wurde Jürgen sofort erkannt und jedes Mal angesprochen. Selbst auf den Innenseiten von Hosentaschen musste er Autogramme geben.« Ein gutes Zeichen, wo man doch den Sachsen ob seiner Sprache sonst belächelt und im Film Deppen, Nazi- und Stasischergen sächsisch sprechen (müssen). All das mag man bedauern.

Aber vielleicht liegt gerade im Dialekt die Lösung: Sachsen benötigt nämlich gar keine Hymne. Die sächsische Sprache ist mit Melodie und Wortsinn Hymne schon genug. Und sie wäre wandlungsfähig, immer neu und angepasst. Nicht-Sachsen könnten »ins Sächsische hineinhorchen. Es ist die Sprache des Ausgleichs. Keine überflüssigen Härten trüben den Klangreichtum.« Insofern sei die Liedersuche abgebrochen: Der Sachse muss nur von sich reden machen!

Legenden

Die Legende von der Heiligen Brücke   **5**

Die Legende vom Moritzburger Gold   **9**

Die Legende der Museumsknochen   **14**

Der legendäre Goldfinger   **19**

Die Legende von der wehrhaften Müllerin   **24**

Die Legende vom Mann mit zwei Männern   **29**

Die Legende vom ungeschriebenen Werther   **34**

Die Legende vom eingemauerten Pfarrer   **39**

Legenden vom Huf an der Nikolaikirche   **44**

Die Legende von den beschatzten Schwestern   **53**

Legenden von den Wasserweibern bei Strehla   **58**

Die Legende von der Wunderblume   **63**

Die Legende vom ewigen Autor   **68**

Die Legende vom willensstarken Käthchen   **73**

Die Legende vom toten Terroristen   **78**

Die legendäre Stimme des Sherlock Holmes   **83**

Die Legende von der »sächsischen Nachtigall«   **88**

Die Legende vom Bürgermeister mit dem
eigenen Kopf unterm Arm   **93**

Legenden von hingewürfelten Felsen   **98**

Die Legende vom Verbrechen des Jahrhunderts   **103**

Die legendäre ostdeutsche Agatha Christie   **108**

Die Legende vom todbringenden Höllenvieh   **113**

Der legendäre Hörsaal 40   **118**

Die Legende vom Büchermörder   **123**

Legenden, die König Friedrich Augusts Tod anzeigten   **128**

Die Legende vom Liebsten in Rückenlage   **133**

Die Legende vom warzigen Mühlzwerg   **138**

Die Legende von der Last, die du nicht trägst   **143**

Eine Legende vom Jammerossi   **148**

Die Legende vom unmutigen Schneider   **153**

Legenden von den Freigiebigen unter dem Greifenstein   **158**

Der legendäre Dresdner Kreisel   **163**

Legenden vom Berge des Trösters   **169**

Legenden der Bürger zu Schilda   **179**

Der legendäre Vater der Dämonen   **184**

Die Legende von den Brandmeistern zu Siebenlehn   **189**

Das legendäre Gefängnis Bautzen I und
das legendäre Gefängnis Bautzen II   **194**

Die Legende von den schwedischen Reitersignalen   **199**

Die Krabat-Legende   **205**

Die legendär vergebliche Suche nach einer Sachsenhymne   **214**

Henner Kotte
Populäre sächsische Hofgeschichten

224 Seiten
12,5 × 21 cm · gebunden

9,99 €

ISBN 978-3-95958-193-6

Sachsens Glanz und Gloria

Henner Kotte unternimmt einen Streifzug durch die Geschichte der sächsischen Monarchen und ihrer Verbündeten. Seine lustvoll zusammengetragenen Fakten, Schnurren, Halbwahrheiten und Tipps zu Originalschauplätzen sind eine informative sowie unterhaltsame Lektüre und eine Hommage an die Sachsen und ihre Regenten.

www.bild-und-heimat.de